*Dieses Buch ist gewidmet Anton Pichler, seiner
ganzen Familie und dem gesamten »Helferkreis
Anton« in Moosinning, denen wir mit unserem
Buch ein wenig Stütze und Hilfe in einer schweren
Zeit sein möchten.*

INHALT

Vorwort und Dank 9

O'zapft is! 13

1 / Du wirst es nicht glauben! 23

Es setzt sich etwas in Bewegung 25

Ein Fest für sich 31

Die Wiesn-Welle 36

Kindheits- und Jugenderinnerungen 40

Langsames Aufbäumen 47

Die Bestimmung des Menschen 49

Umwege 52

Mit dem Taxi auf der Wiesn-Welle 55

Volksfestschule 57

2 / Viel zu hart der Start –
erste Wiesn-Erfahrungen 61

Einschreibungstag 65

O'zapft is! 73

Wunderbarer Knochenjob 76

3 / Der Aufstieg –
vom Klogang zum Haupteingang 83

Der vordere Garten 86

Teamgeist 89

Ein leibhaftiger Pfarrer bedient 92

**4 / Komisches und Tragisches –
die menschliche Wiesn**..97
Sprachbarrieren und Aufklärung.......................104
Wer ist der Bapp?..109
A Maß, a Hendl und a Taufe................................114
Gib mir a Gabel..122
Wachteleier statt halber Ente..............................124
300 Euro für ein Bier und die Spenden.............130

**5 / Ausstieg und Neubeginn –
ganz oben auf der Galerie**..................................135
Rücktritt vom Rücktritt..146

Wiesn-Begegnungen..155
Erste Begegnung..156
Gino...158
Nine eleven...160
Heiliger Moment..162
Gäste aus Kiew...165
Herberge...168
Die Wiesn, ein Lebensgefühl...............................170

Vita..172

VORWORT UND DANK

Wie so oft im Leben war es auch hier keine Liebe auf den ersten Blick. Meine Beziehung zum Münchner Oktoberfest ist über die Jahre hin gewachsen und gereift und hat in verschiedenen Stadien immer wieder andere Formen angenommen. Aber immer war es eine ehrliche, eine aufrichtige und nach Fortschritten strebende Beziehung. Das Oktoberfest in München bedarf keiner weiteren Existenzberechtigungserklärung. Dieses Fest ist purer Kult und weltweit ein Begriff. Was es aber bedeutet, selbst ein Teil dieses Festes zu sein, und was das aus einem macht, welche Schätze sich da auftun und wie man selbst mit dem Fest mitwächst – davon erzählt dieses Buch.

Gemeinsam mit meinen ehemaligen Mitstreiterinnen im Bedienungsgewerbe Anni, Inge und Gitti und unseren Festwirten, der Familie Schottenhamel, möchte ich Ihnen ein paar Innenansichten unserer Wiesn präsentieren. Es sind sehr persönliche Einblicke und Bekenntnisse, die auch ans Herz gehen dürfen.

Zugleich wollen wir mit diesem Büchlein unserer Freude ein wenig Ausdruck verleihen, dass es nach zwei »wiesnlosen« Jahren nun heuer endlich wieder heißt: »O'zapft is!« Auch den schärfsten Skeptikern müsste aufgefallen sein, wie sehr uns in dieser Zeit der Pandemie die Wiesn gefehlt hat. Es ist ein Stück Kulturgut, das uns da geraubt wurde. Man sagt, die Wiesn habe nur Freunde oder Gegner. Vielleicht kann dieses Buch auch ein wenig dazu beitragen, beide Seiten ein wenig zueinander zu bringen, mal mehr mit Gefühlen als mit Argumenten.

Mit den Erlösen dieses Buches wird eine Familie in Moosinning bei München unterstützt. Durch einen schrecklichen Unfall in der heimischen Landwirtschaft hat sich für diese Familie von einem Moment zum anderen ihr ganzes Leben verändert. Sofort hat sich ein Helferkreis aus dem Ort gebildet, um der Familie beizustehen. Ihnen wollen wir auf diesem Weg unseren Respekt und auch ein Zeichen der Ermutigung und der Solidarität übermitteln. Ich danke allen meinen Mitstreitern, dass sie diesem Projekt sofort zugestimmt haben und Feuer und Flamme für diese Idee waren. Allen Lesern wünsche ich viel Freude mit unserer Liebeserklärung an unsere Wiesn!

Rainer M. Schießler, Pfarrer

O'ZAPFT IS!

Seit 1810 wird auf der Theresienwiese im Herbst ein großes Volksfest gefeiert. Generationen von Menschen sind damit groß geworden. Unsere Familie ist seit 1867 ganz eng mit dem Oktoberfest verbunden. Denn in diesem Jahr stand Michael Schottenhamel das erste Mal mit einer hölzernen »Bierbude« auf der Wiesn.

Unser Ur-Großvater war sieben Jahre zuvor als Schreinergeselle auf der Walz nach München gekommen und hatte dort Arbeit gefunden. 1867 heiratete er seine Rosalie, eine gute Köchin. Die beiden übernahmen kurz darauf das Wirtshaus »Zu den drei Mohren« in der Luitpoldstraße 13. Und Michael Schottenhamel bewarb sich wenig später bei den Stadtoberen um die Erlaubnis, im Rahmen des Oktoberfestes auf der Theresienwiese einen Bierausschank eröffnen zu dürfen. Der Antrag wurde mit der Auflage genehmigt, dass die Bude eine maximale Breite von 25 Fuß haben darf (die Maßeinheit entspricht etwa 29 Zentimetern, das Ganze war also etwa 7,30 Meter breit). Etwa 50 Gäste fanden auf der Schankfläche Platz. Als Beleuchtung dienten damals Windlichter mit Kerzen und Petroleumlaternen. Erst ab 1885 gibt es auf der Wiesn elektrisches Licht. Es ist übrigens historisch belegt, dass Albert Einstein als kleiner Junge geholfen hat, für die Beleuchtung der Festwiese Glühbirnen einzudrehen.

Der Betrieb expandiert im Laufe der Jahre. 1896 übernimmt Michael Schottenhamel schließlich als Pächter auf der Wiesn eine große Bierhalle, ziemlich genau dort, wo auch noch heute das Festzelt der Familie zu finden ist. Bis zu 1500 Gäste finden in dieser Bierhalle Platz. 1913 wird die Festhalle noch einmal wesentlich vergrößert – von der Fläche her fast verdoppelt. Auf zwei Bühnen wird nun Musik gemacht.

Das heutige Festzelt beherbergt auf einer Fläche von etwa 5000 Quadratmetern rund 6000 Gäste. Im angrenzenden Wirtsgarten gibt es weitere 3000

Plätze. Es ist das größte Oktoberfestzelt im Familien-
besitz – und wir blicken auf die längste Tradition
zurück. Der Aufbau des Festzeltes und dessen Ein-
richtung dauert trotz aller Erfahrung jedes Mal
rund zehn Wochen. Es ist eine Freude, mitzuerle-
ben, wie es wächst. Und dann geht es in der zweiten
Septemberhälfte endlich los! Die Besucher kommen in Scharen. Der Tag beginnt während der
Wiesn bereits früh um 7 Uhr und erst nach 23 Uhr
gehen die letzten Gäste. Anschließend wird aufgeräumt, oft kehrt erst gegen 4 Uhr in der Früh Ruhe
im Festzelt ein.

Die Wiesn ist für die Menschen beglückend, ein
wunderbares Gemeinschaftserlebnis. Viele ziehen
sich besonders schön an, alle feiern miteinander
das Leben. Es gibt gutes Essen, dazu eine Maß Bier
in einem traditionellen Krug. Und es wird von früh
bis spät gesungen und getanzt, gelacht, gejubelt,
umarmt und geküsst. Viele Menschen haben sich
auf dem Oktoberfest kennen- und lieben gelernt.
Unzählige Paare haben hier zueinander gefunden
und sind ein Leben lang zusammengeblieben. Die
Wiesn ist ein Lebensgefühl, das man begeistert

teilt. Auch uns reißt es immer wieder mit. Es ist schön, zu sehen, wie die Gäste sich freuen!

Musik ist ganz entscheidend dafür, dass das Oktoberfest gelingt. Denn die Sprache der Musik versteht jeder, sie bringt die Menschen zueinander. Unser Kapellmeister, Otto Schwarzfischer, hat vor 30 Jahren angefangen, mitreißende Medleys zu schreiben. Die Gäste lieben diese Art der Musik! Die Menschen stehen im Festzelt auf den Bänken und singen mit, wenn die altbekannten Ohrwürmer oder moderne Songs gespielt werden.

Für eine Weile kann man auf dem Oktoberfest den Alltag vergessen. Das tut so gut! Die Wiesn ist eine Zeit der Leichtigkeit. Am Ende sind alle traurig, dass es schon wieder vorbei ist. Und man freut sich auf das nächste Jahr!

Aber es ist natürlich auch jedes Mal für uns als Wiesn-Wirte eine große Herausforderung, so viele tausend Menschen an einem Tag möglichst perfekt zu bedienen, dafür zu sorgen, dass es an nichts fehlt. Und es ist beglückend, zu erleben, dass es gelingt. Dazu tragen vor allem auch die vielen Mitarbeiterinnen und Mitarbeiter bei, die sich engagiert einbringen und unglaublich viel leisten. Viele übrigens auch schon in der zweiten oder dritten Generation. Wenn am letzten Abend, nachdem alle Gäste gegangen sind, alle Mitarbeitenden mit einer Polonaise durchs Zelt ziehen und dabei ein Lied singen, ist dies immer ein ganz wunderbarer Augenblick. Ganz zum Schluss wird das Licht heruntergedimmt, Wunderkerzen werden angezündet. Ein unglaublich schöner Moment.

Rainer M. Schießler gehörte zehn Jahre lang zu unserem Team. Dafür sind wir sehr dankbar. Mit seiner den Menschen zugewandten, wunderbaren Art begeistert er viele – und das nicht nur auf der Wiesn! Als Pfarrer von St. Maximilian ist er stadtbekannt; durch seine Bücher auch bundesweit. In den Geschichten, die er in diesem Buch erzählt, wird deutlich, was die Wiesn in ihrem Kern ausmacht.

*

Im Laufe von mehr als 150 Jahren Wiesn-Tradition haben wir als (Wirts-)Familie viel erlebt. Wunderbare, beglückende, verrückte, emotionale Momente. Schon als Kinder und später als Jugendliche haben wir beide meist oben auf »dem Fasserl« gesessen, wenn der Münchner Oberbürgermeister den Bier-Anstich gemacht hat. Am Ende heißt es immer: »O'zapft is!«

Wir sind nach wie vor ein Familienbetrieb, versuchen gemeinsam die Tradition zu bewahren und dabei gleichzeitig die Zukunft in den Blick zu nehmen, auch die nächste Generation einzubeziehen. Jede und jeder, der sich für das Oktoberfest engagiert, ist wichtig, ein wichtiges Mosaiksteinchen in einem großen Bild. Dieses Gefühl haben zum Glück auch alle Mitarbeiterinnen und Mitarbeiter, die Bedienungen, die Schankleute und alle, die im Hintergrund daran mitwirken, damit das Ganze gelingt.

Nach monatelangen Vorbereitungen ist es immer ein besonderer Moment, mit den anderen Wiesn-Wirten freudig auf der Theresienwiese einzuziehen. Ein prächtiger, bunt schillernder Zug aus festlich geschmückten Kutschen und Brauereigespannen, Musikkapellen und Gruppen von Bedienungen. Vorneweg das Münchner Kindl, dann folgt die Kutsche der Landeshauptstadt München – und als drittes der Schottenhamel-Zweispänner, in dem traditionell auch der Oberbürgermeister und seine Frau mitfahren.

Auf dem Weg zur Theresienwiese machen wir beide mit einem Teil unserer Familien an der Damenstiftskirche in der gleichnamigen Straße, Ecke Hospitalstraße Halt. Nach der ganzen Vorbereitungshektik treten wir bewusst einen Schritt zurück und kommen für eine Weile zur Ruhe, um um Bewahrung und Schutz zu beten und eine Kerze anzuzünden – für ein friedliches Miteinander der zahlreichen Gäste und das Gelingen der Wiesn. Das ist uns immer ganz besonders wichtig. Denn du kannst alles noch so gründlich vorbereiten, du kannst planen und machen, so viel du willst – am Ende ist die Wiesn trotz allem ein Wagnis. Da sind Hunderttausende von Menschen, die auf engstem Raum miteinander feiern und Spaß haben. Junge und Alte, die zum Teil von weit her angereist kommen, quasi aus der ganzen Welt. Eine Wahnsinnsmischung unterschiedlichster Kulturen, Sprachen und Lebensstile – und trotz allem »passt's am Ende«.

Beim Oktoberfest geht es hoch her. Und doch passiert zum Glück meist relativ wenig. Aber es gab im Laufe der Jahre natürlich auch schon sehr ernste, manchmal sogar dramatische Momente auf der Wiesn. So sind wir jedes Mal froh, wenn wir am Ende dankbar feststellen können, dass es wieder ein friedliches Fest war.

Nach zwei Jahren Pandemie-bedingter Pause erscheint dieses Buch zur Wiedereröffnung der Münchner Wiesn. Wie schön, dass Rainer M. Schießler und einige andere ehemalige Bedienungen ihre Erlebnisse festgehalten haben, um anderen eine Freude zu machen.

Christian und Michael F. Schottenhamel,
Wiesn-Wirte

1

DU WIRST ES NICHT GLAUBEN!

Jetzt mal ganz ehrlich: Was macht das Leben eigentlich aus? Sind es die selbstgemachten Pläne, die wie ein Drehbuch funktionieren? Ist es die Hoheit über unsere Vorstellungen davon, was letztlich wirklich wichtig und richtig ist?

Und was fällt uns als Erstes ein, wenn wir aus unserem Leben erzählen? Oft ist es gerade das, was wir nicht geplant haben, das, was uns einfach so widerfahren ist – ob es auf den ersten Blick gut war oder schlecht. All die Ereignisse und Entwicklungen, die einfach so passiert sind – ohne großes Zutun oder ein Mitwirken. Situationen, die ungeplant regelrecht in unser Leben eingebrochen sind und die Wende brachten.

Das Leben passiert! Behindere es nicht! Lass es geschehen, lass dich darauf ein! Das hat mir mein enger priesterlicher Freund Roland Breitenbach aus Schweinfurt immer wieder eingeschärft. Und es war gut, seinem Rat zu folgen. Denn das Überraschende, das Ungeplante, macht die Würze des Lebens erst aus.

Auch wenn etwas auf den ersten Blick noch so verrückt zu sein scheint – probiere es einfach aus, greife beherzt zu, denn du weißt nie, als wie beglückend es sich herausstellen kann. Und du weißt auch nicht, wie sehr du einer solchen Gelegenheit später nachtrauern würdest.

Aus eigener Erfahrung kann ich berichten: Selbst, wenn etwas unerwartet und ungewöhnlich daherkommt und von einem Besitz ergreift, hat im Leben fast alles seinen Sinn. Und es findet hoffentlich guten Boden in dir, damit es wachsen und reifen kann. Von nichts kommt nichts!

Davon erzähle ich in diesem Buch. Erst im Rückblick ist mir die Bedeutung mancher Ereignisse bewusst geworden.

Ich schreibe so etwas wie eine Liebeserklärung, auch wenn meine persönliche Geschichte mit der Wiesn alles andere als störungsfrei und geradlinig verlaufen ist. Im Gegenteil: Die Anfänge meiner Beziehung zum vermutlich größten Volksfest der Welt waren mitunter etwas schwierig, durchaus anstrengend und herausfordernd. Doch nachdem ich lange Zeit mit dem fröhlich-bunten Treiben gefremdelt hatte, nahm das Ganze eine überraschende Wendung.

ES SETZT SICH ETWAS IN BEWEGUNG

Mit einer Freundin besuchte ich am Abend des letzten Wiesn-Tages das Schützenzelt neben der weltberühmten Bavaria-Statue an der Ruhmeshalle und löste noch schnell zwei Biermarken ein. Angesichts des baldigen Festendes herrschte eine Mischung aus ausgelassener Freude und Wehmut. Während meine Begleitung sich von der Musik anstecken ließ, geschwind auf die Bierbank hüpfte, lauthals mitsang und ausgelassen tanzte, blieb ich eisern daneben sitzen und ging in mich versunken meinen Gedanken nach.

»Da hast aber einen schönen Langweiler dabei!«, sagte die Bedienung, die uns neues Bier brachte, zu meiner Begleiterin und deutete dabei auf mich. Und was soll ich sagen – die Frau hatte recht. Im Rückblick betrachtet gab das den Anstoß, mich noch einmal ganz anders ins Leben zu werfen. 17 Jahre ist das mittlerweile her.

Wie gesagt: Das Wichtigste im Leben passiert einfach. Nur wenig können wir bewusst steuern oder gar erzwingen. Absolut unplanbar aber sind die Geschenke, die einem gemacht werden. Als ein solches Geschenk ordne ich das ein, was wenige Monate nach jener denkwürdigen »Langweiler«-Ansage im Festzelt geschah.

Als Pfarrer von St. Maximilian in München war ich zum Neujahrsempfang der Münchner CSU im Ratskeller eingeladen. An solchen Veranstaltungen nehme ich nicht allzu oft teil, weil ich als Kirchenmann zwar durchaus politisch interessiert bin, aber nicht in bestimmte (Partei-)Schubladen eingeordnet werden möchte. Aber einmal, dachte ich mir, kann man ja eine Ausnahme machen und hingehen – auch, um Wertschätzung zu zeigen. Denn Menschen, die sich politisch engagieren und für ihre Überzeugungen eintreten, ringen mir immer wieder Respekt ab. Ich stellte mir vor, dass es an einem solchen Neujahrsempfang etwas Leckeres zu Essen und gutes Bier geben und dass ein prominenter Politiker eine flammende Rede halten würde. An diesem Abend geschah allerdings noch etwas. Es setzte sich etwas in Bewegung. Zunächst war es nur ein leichtes Kräuseln an der Oberfläche, dann riss sie mich mit, die Wiesn-Welle. Das Neue kommt im seltsamen Gewand daher. Schon beim Eintreten in den Ratskeller dachte ich: »Hier bist du falsch! Hier gehörst du wirklich nicht hin!« Mit ihren massiven Tischen und Stühlen erinnerte mich »Die alte Küferei« im Untergeschoss des Neuen Rathauses an eine Szene aus einem Mantel- und Degenfilm. Das komplette Fußvolk der CSU schien hier versammelt zu sein. Dicht an dicht drängten sich die Menschen, das Stimmengewirr war ohrenbetäubend. Von verschiedenen Seiten grüßten mich Leute, die mich zu kennen schienen. Nur teilweise konnte ich meinerseits den Gesichtern Namen zuordnen. Ich grüßte freundlich zurück, verzog mich aber direkt in eine etwas ruhigere Ecke im hinteren Teil des Raumes, weil ich hoffte, dort etwas ungestörter zu sein. Einer der Kellner schaffte es mit seinem Tablett voller Weißbier bis in mein Versteck. Am Bierglas nippend beobachtete ich die Gäste und wartete auf die erste offizielle Rede. Doch dann stand plötzlich jemand vor mir, den ich als treuen sonntäglichen Kirchgänger aus der Gemeinde St. Maximilian kannte. Der Mann stellt mir einen gutaussehenden Herrn Anfang 40 vor: Michael P. Schottenhamel.

Der Name kam mir bekannt vor. In meinem Hirn sortierten sich blitzschnell kleine Bausteinchen: Schottenhamel, Bierzelt – Wiesn: »Sagen Sie mal, haben Sie etwas mit dem Festzelt zu tun, in dem jedes Jahr der Anstich des ersten Bierfasses stattfindet?« »Also, gehören tut's mir nicht, das Festzelt. Aber ich gehöre zur Familie, das schon«, antwortete mein Gegenüber freundlich.

Da war er, der Moment, der alles in einem Leben grundlegend verändern kann. Wie aus dem Nichts kam mir eine Frage über die Lippen: »Sagen Sie mal, Herr Schottenhamel, meinen Sie, ich könnte während der Wiesn auch mal im Festzelt arbeiten?« Mein Gegenüber war sichtlich überrascht und fragte: »Was möchten Sie denn gerne tun?«

»Bedienen natürlich, was denn sonst?! Kochen kann ich nicht, Musik machen auch nicht, bleibt nur das Bedienen!«

Ich war mir ziemlich sicher, eine Abfuhr zu bekommen. Schließlich bin ich Pfarrer und habe keinerlei Erfahrung als Bedienung. Ohnehin eilte – so meine Annahme – meinem Berufsstand der Ruf voraus, grundsätzlich zwei linke Hände zu haben und für praktische Arbeiten nicht allzu sehr zu taugen.

Doch ich bekam keine Abfuhr. Stattdessen schien Herr Schottenhamel von meiner Idee total begeistert und sagte direkt zu: »Sehr gerne! Es würde uns narrisch freuen, wenn Sie bei uns mitmachen!« Der Mensch denkt, Gott lenkt, dachte ich später. Ich spürte, wie die Wiesn-Welle unter mir in Bewegung geriet.

Michael P. Schottenhamel schrieb den Namen und die Telefonnummer von Frau Schlicht aus dem Personalbüro auf seine Visitenkarte und sagte: »Rufen Sie morgen einfach bei ihr an, dann klären wir die Einzelheiten.« Vielleicht hätte ich an seiner Stelle gefragt, ob ich mir wirklich zutraue, 14 Maß Bier zu schleppen und 16 Tage am Stück von frühmorgens bis in die Nacht zu arbeiten. Aber nichts dergleichen kam zur Sprache. Ich war vollkommen geplättet und mir wurde klar: Der Mann meint es ernst!

Jetzt gab es kein Zurück mehr. Aber was würde das Ordinariat, was würden meine Vorgesetzen von der Idee halten? Ob die mir überhaupt gestatten würden, auf der Wiesn zu kellnern?

Ich war zu verwirrt, um noch länger zu bleiben. Direkt nach der Begrüßungsrede verließ ich den Saal, stieg die Treppen zum Marienplatz empor und holte erst einmal tief Luft. Dann nahm ich mein Handy aus der Tasche und wählte Gundas Nummer. Ich wollte das Ganze mit ihr besprechen und ihren Rat einholen. Sie war erstaunt, dass ich um diese Uhrzeit anrief und fragte, ob etwas passiert sei. »Du wirst es nicht glauben – ich bin gerade Wiesn-Bedienung geworden!«

In den folgenden zehn Wiesn-Jahren erfuhr ich Gunda als große Stütze. Heute kann ich sagen: Ohne sie wären es niemals so viele Jahre geworden. Ihre Begleitung und ihre Mitsorge haben diesen Wiesn-Wellenritt erst ermöglicht.

EIN FEST FÜR SICH

Als Jugendlicher habe ich Zeitungen ausgetragen, später in den Ferien als Postbote gearbeitet, danach als Taxifahrer. Ich habe auf dem Bau geschafft, in der Landwirtschaft, in Fabriken. Ich habe Sozialpraktika in Krankenhäusern gemacht. Ich weiß, was Arbeiten heißt. Meine Diplomarbeit zum Abschluss des Theologiestudiums habe ich über die Seelsorge für die Arbeiterschaft geschrieben. Denn ich fragte mich, wieso die Kirche so oft darüber klagt, dass ihr die Arbeiterschaft verloren geht, anstatt sich zu überlegen, wie man sie wiedergewinnen kann.

Meine Eltern waren alles andere als regelmäßige Wiesn-Gänger. Und niemals, wirklich unter keinen Umständen, wären sie, als ich klein war, in ein Bierzelt gegangen!

Natürlich waren wir, mein Bruder und ich, mit unseren Eltern jedes Jahr einmal auf dem Münchner Oktoberfest. Aber es blieb meistens beim Zuschauen und Staunen vor den Fahrgeschäften. Fürsorglich ermahnten die Eltern uns, wenn der

Wunsch aufkam, hier oder dort einmal fahren zu wollen, dass es ein sehr wilder Ritt werden könnte und dass sie sich nicht sicher seien, ob es uns Spaß machen würde. Außerdem war so eine Fahrt natürlich teuer: Drei Mark für zwei Minuten Achterbahnfahrt! Das hielten sie für Wucher.

In der Postbeamtensiedlung in München-Laim, in der ich in den 60er-Jahren aufwuchs, war das Geld knapp, es wurde konsequent eingeteilt und abgezählt. Man überlegte genau, wofür man es ausgab – vor allem, wenn es um Vergnügungen ging. Wenn wir doch einmal irgendwo einsteigen durften, waren es meist Fahrten mit der »Wilden Maus« oder selten auch mit der Geisterbahn. Für eine Mark besuchten wir den Spiegel-Irrgarten. Rechneten wir am Ende eines Wiesn-Besuchs die Ausgaben zusammen, die von unserem Taschengeld bezahlt werden mussten, merkten wir selbst, dass es ein teures Vergnügen war.

Nach einem Rundgang über das Oktoberfest ein Bierzelt oder einen Biergarten anzusteuern, um dort zu essen oder zu trinken, war also schon aus finanziellen Gründen nicht angesagt. Eine kleine bürgerliche Familie, die sich für jede Wanderung ihre eigene Brotzeit – Schnitzel und Kartoffelsalat in kleinen Tupperwareschüsselchen – mitnahm, würde nie Geld dafür auf dem Oktoberfest ausgeben! Eine kleine »Caprisonne« für die Kinder nahm man mit und lieber kaufte man den »Kleinen«, den Standlleut, etwas ab, Mandeln oder türkischen Honig. Mit der Fischsemmmel war es da schon wieder so eine Sache, nachdem einen der berühmte Vogeljakob bei der Bavaria jedes Jahr ermahnte, doch besser seine Pfeifchen für 5 Mark zu kaufen als eine fade Fischsemmel: »Die Semmel hast in fünf Minuten gegessen, das war's dann; die Pfeiferl hast a Leben lang.« So hat er sie uns angepriesen. Geglaubt haben wir ihm, aber dann habe ich es nie geschafft, mit so einem Pfeiferl auch nur einen Ton herauszubringen.

Die Leutseligkeit eines Bierzeltes war aber auch nicht das Metier meiner Eltern – obwohl meine Mutter ein unglaublich fröhlicher Mensch war und in einer geselligen Runde auf der Wiesn vermutlich jederzeit Platz gefunden hätte. Mein Vater dagegen war Beamter, korrekt und nüchtern abwägend von Kopf bis Fuß. Sich ihn mitten in einem Bierzelt feiernd oder gar tanzend vorzustellen, das lag für mich als Kind und Jugendlichem jenseits meiner Vorstellungskraft. Ich bin mir auch heute noch nicht sicher, ob er nun wenigstens beim himmlischen Hochzeitsmahl etwas entspannter sein kann.

Müde, erschöpft und ausreichend vom Wiesn-Fieber geheilt, sind wir nach solch einem Tag nach Hause gegangen. Aber schon dieser Weg, eingereiht in die Massen der Besucherströme, die sich zur Tramlinie 19 in der Landsberger Straße hinbewegten und später, nach dem Bau der S-Bahn-Stammstrecke, hinüber zur Haltestelle Hackerbrücke, allein dieser Weg war schon gelebte Wiesn-Erfahrung für sich. Ohne Schranken und Barrieren kamen hier Normalbürger und Freaks, Nüchterne und Betrunkene, ernste und johlende Menschen auf engstem Raum zusammen. Die Wiesn erstreckte sich auch über den ganzen Weg. Jeder, der dabei war, wusste es und liebte es auch irgendwie. Niemand wäre auf die Idee gekommen, darüber zu schimpfen oder zu lamentieren. Wiesn-Gegner gab es damals nicht, nur Leute, die die Wiesn besuchten, und solche, die es nicht taten. Basta. Man lebte in friedlicher Koexistenz und niemand grollte dem anderen. Schon gar nicht fanden ein öffentliches

Abkanzeln der Wiesn als größtes Besäufnis der Welt, genannt »Intersuff«, statt oder anders geartete Beschimpfungen. Irgendwie war man damals in dieser Hinsicht entspannter. Nicht aufs Oktoberfest gehen und trotzdem über die Wiesn schimpfen, das war undenkbar. So viel Anstand und Gerechtigkeitsgefühl waren einfach da. Derart geprägt regt es mich bis heute immens auf, wenn sich Wiesn-Kritiker unentwegt über alles beschweren, was ihnen gegen den Strich geht, obwohl es sie überhaupt nicht betrifft. Bleib daheim, möchte ich rufen, dann siehst du auch keine Betrunkenen oder was auch immer dich stört. Aber lass den Menschen ihre Lebensfreude! Gibt es etwas Schöneres, als wenn Menschen miteinander feiern? Freilich: Das erste Lächeln eines kleinen Kindes oder eine Geste der Versöhnung. Sicher hat alles seinen Sinn und Wert im Leben. Aber das Fest steht einfach für sich.

DIE WIESN-WELLE

Natürlich greife ich da als Pfarrer in die theologische Trickkiste und zeige gerne auf Jesus von Nazareth. »Fresser und Säufer« nannten seine Gegner ihn (Matthäus 11,19), was ja nichts anderes heißt, als dass Jesus ein geselliger Mann war, der gerne gefeiert hat und mit den Menschen fröhlich beisammen war. Zudem sind es immer diese Mähler gewesen, die mehr als nur eine Nahrungsaufnahme sein wollten, bei denen er Menschen begegnete und sie veränderte. Den Zöllner Zachäus holte er zum Beispiel vom Baum herunter, weil er in seinem Haus einkehren wollte. Auch mit dem Zöllner Levi aß Jesus, und der krempelte nach dieser Begegnung sein ganzes Leben um. Jesus von Nazareth war offen und bereit für neue Begegnungen und Menschen, er hatte keinerlei Berührungsängste. Die darfst du halt auch auf einem Volksfest nicht haben, das Millionen Menschen aus der ganzen Welt jedes Jahr besuchen!

Gleich an meinem ersten Wiesn-Tag hat mir der damalige Wirt Peter Schottenhamel die Wiesn-Welle vor Augen gemalt: Sie baut sich frühmorgens auf und ist noch angenehm und leicht. Zur Mittagszeit, wenn man gemütlich in einem Biergarten sitzt, ist sie unverwechselbar erhaben. Ab dem Nachmittag beginnt sie unruhiger zu werden und sich zu kräuseln. Die Musik schwenkt langsam um von gediegener Blasmusik hin zu Schlager- und Discotiteln, bis die Welle gegen Abend in wilder Partystimmung bricht. Dann wird getanzt und gefeiert, die Luft ist getränkt vom Bier- und Hendl-Duft, von Schweiß, dem Parfum der Mädels und noch so anderen Zutaten. Oh ja, echte Wiesn-Bedienungen lieben das. Aber erklären oder verstehen kann man das nicht!

Mit diesem Bild der Welle eines Wiesn-Tages möchte ich heute mit meinen über 60 Jahren auch die Wiesn-Erfahrung meines ganzen Lebens beschreiben. In der Kindheit hat sich die Welle langsam aufgebaut, die ersten Besuche in der Obhut meiner Eltern waren ein vorsichtiges Kennenlernen wie eine leichte Bewegung im Wasser. Jede Beziehung lebt von solchen grundlegenden und ruhigen Anfängen. Lebenserfahrungen sind nicht einfach so da, sie bauen aufeinander auf. Es gibt für jede Erfahrung eine eigene Zeit.

Noch heute erschreckt es mich, wenn ich daran denke, dass ich einmal um 22 Uhr einen jungen Mann aus Italien mit seinem zweijährigen Buben auf dem Arm im lauten Bierzelt vorgefunden habe. Er suchte doch glatt einen Sitzplatz! Umgehend habe ich beide aus dem Zelt befördert und ihm klargemacht, dass er mit dem kleinen Kind um diese Zeit hier nichts verloren hatte. »Das ist kein Kindergeburtstag!«, schrie ich ihm im Lärm der Musik ins Ohr. Das Kind brauchte ein ruhiges Zimmer und ein gemütliches Bettchen! Ohnehin ist der Aufenthalt von Kleinkindern auf der Wiesn um diese Uhrzeit untersagt.

Gott sei Dank waren meine Eltern da vernünftiger. Dieser Vorfall offenbart allerdings, dass die Gäste, die die Wiesn besuchen, zum Teil völlig unterschiedliche Vorstellungen von einem solchen Volksfest haben. Die Wiesn ist Tradition und Heimat, Auftrag und Geschenk, Verpflichtung und kreative Möglichkeit. Der Begriff »festa della birra«, wie ihn unsere italienischen Freunde gerne verwenden, greift da viel zu kurz.

Meine Wiesn-Erfahrung hat sich jedenfalls wie eine Meereswelle weiter verändert und entwickelt.

Der erste große Einschnitt kam für mich überraschend. Ich wurde Ministrant in meiner Heimatkirche! Das hieß auch, dass wir Ministranten einmal pro Saison mit dem Kaplan auf die Wiesn gingen. Meine Eltern mussten mich also nicht mehr begleiten, was sie nicht bedauerten. Meinen Vater freute es, dass er das Spektakel nur noch am Rande aufsuchen musste, um für uns Kinder ein Stück türkischen Honig oder gebrannte Mandeln mitzunehmen. Der Arbeitsplatz meines Vaters lag da strategisch günstig. Als Oberpostdirektor arbeitete er in der Münchner Oberpostdirektion direkt an der Hackerbrücke neben dem Augustiner-Biergarten, den er ebenfalls nie aufsuchte. Mit seinem Fahrrad kam er auf dem Nachhauseweg stets an der Theresienhöhe, dem Oktoberfest und den ersten Standln vor der Wiesn vorbei. Die kleinen Wiesn-Mitbringsel aus seiner Hand waren immer etwas ganz Besonderes für uns, denn wir wussten, dass er sich dafür wenigstens in die Nähe der Wiesn getraut haben musste.

Zu Hause in München-Laim lebten wir im obersten Stockwerk eines einfachen Mietshauses. Vom Balkon aus konnte man in östlicher Richtung einen hellen Lichtfleck sehen. Dort vergnügten sich jeden Tag Abertausende von Menschen. Bei günstigem Ostwind konnte man die Wiesn sogar riechen. Da genossen wir dann unseren türkischen Honig und waren stolz auf »unsere Wiesn«.

KINDHEITS- UND JUGENDERINNERUNGEN

Unser jährlicher Wiesn-Besuch als Ministranten war ein Gewinn: Meine Taschengeldkasse wurde durch das Ministrantengeld erheblich aufgestockt und die Erfahrung in der Gruppe von Kindern und Jugendlichen zwischen 10 und 18 Jahren war eine ganz neue. Da wird man schneller erwachsen, als man glaubt. Auf einmal war es kein Problem mehr, in wildere Fahrgeschäfte einzusteigen – man war ja nicht allein! Die ganze Gruppe ging mit. Der Herr Kaplan achtete darauf, dass das Mindestalter eingehalten wurde, und passte auf unsere Jacken und Taschen auf. Ich denke, er war nicht ganz unfroh darüber, denn so musste er nicht jedes Karussell und jede Rutsche mit uns überstehen. Jahre später, als ich selbst als Kaplan mit meinen Ministranten sowohl das Rosenheimer Herbstfest als auch das Oktoberfest besuchte, war dies plötzlich meine Aufgabe. Das Leben ist eine einzige Welle!

Natürlich haben wir kein Bierzelt aufgesucht – nur durchgegangen sind wir. Der Herr Kaplan hat uns alles erklärt und gezeigt, was bei mir damals schon eine gewisse Neugier weckte. Ich überlegte, wie eine solche Kleinstadt eines Bierzeltes wohl funktioniert. Aber alles war noch sehr weit weg von mir.

Unangenehm war es nur, wenn man bei einem solchen Besuch seine Gruppe aus den Augen verlor. Das ging ziemlich schnell zwischen so vielen Menschen. Es gab ja so viel zu bestaunen, während die Gruppe weiter zum nächsten Fahrgeschäft oder Schießstand spazierte. Und plötzlich stand man allein da. Doch die Verhaltensregeln für diesen Fall waren klar: Schon beim Betreten der Wiesn hatte uns der Kaplan das Wiesn-Fundamt gezeigt und uns eindringlich eingeschärft: »Wer die Gruppe verliert, der geht hierher und wartet, bis wir alle uns hier treffen! Niemand geht alleine nach Hause!

Hier werdet ihr von uns abgeholt!« Man spürte, der Mann war trotz Priesterausbildung vor seinem Studium beim Militär gewesen. Er wusste, wie man Menschengruppen organisiert und führt. Ein echter Hirte eben. Ich landete ziemlich oft beim Fundamt, und wartete dort, bis ich zum Heimgehen abgeholt wurde. Dumm war nur, dass man kaum etwas vom Wiesn-Besuch hatte, wenn man dort die ganze Zeit herumstand.

Auch das Fundamt begegnete mir Jahrzehnte später wieder. Es befindet sich nämlich direkt hinter dem Schottenhamel-Festzelt und wir trafen uns dort in unseren kurz bemessenen Pausen bei einem Becher Prosecco oder auf eine Zigarette, um uns von den akustischen Herausforderungen im Inneren des Zeltes zu erholen. Jedes Mal fühlte ich mich wieder wie der kleine Ministrant, der hier enttäuscht auf seine Gruppe wartete. Das Leben ist eine Welle!

Als ich selbst Kaplan in Rosenheim und Giesing war, habe ich dieselben Anweisungen an die Kinder und Jugendlichen meiner Gruppen gegeben wie mein damaliger Kaplan. Es hat immer gepasst. Niemals ging jemand verloren. Die Wiesn, das sind eben auch diese Kindheits- und Jugenderinnerungen.

Ich war natürlich nicht nur Ministrant, sondern auch Gymnasiast – und das nicht irgendwo.

Weil mein Vater ein Vollbluthumanist war, er sprach fließend lateinisch, war für ihn natürlich klar, dass auch ich auf ein humanistisches Gymnasium gehen würde. Aus seinem Bürofenster in der Arnulfstraße blickte er direkt hinüber zum Wittelsbacher Gymnasium in der Marsstraße gleich gegenüber dem weltbekannten Zirkus Krone.

Klar, dass ich dieses Gymnasium besuchte, denn es bot noch weitere Vorteile: Es war 1971 noch ein reines Bubengymnasium und so wurde das Lernen nicht durch weibliche Reize gestört. »Das kannst du dir für später aufheben«, meinte mein Vater – nicht ahnend, dass ich einmal ein zölibatär lebender Priester werden würde.

Wie gesagt, mein Vater war ein sehr konservativer Mensch, aber im positiven Sinne: ein bewahrender Mensch. Seine Kriegserfahrungen spielten da wohl auch eine Rolle. »Du bist, was du dir erarbeitet hast. Nichts wird dir einfach so geschenkt oder nachgeworfen. Du kannst dir im Leben etwas erwerben und es wird dir gehören. Vor allem der geistige Besitz ist in dir vor jedem Diebstahl gesichert.« Diese Lebensregeln haben mich bis heute begleitet und geführt. Sie waren damals sehr zeitgemäß und haben mich nie gestört. Ich wusste, da will mir einer helfen – und wieso sollte ich diese Hilfe ablehnen?

Ein weiterer Grund dafür, dass es gerade dieses Gymnasium sein sollte, ergab sich aus der Lage der Schule gegenüber dem Zirkus Krone. Ich müsse nur über die Straße gehen und als Stallknecht anheuern, meinte mein Vater immer zu mir, wenn meine schulischen Leistungen zu wünschen übrig ließen. Natürlich war das nicht ernst gemeint, aber dieses Bild des Straßenwechsels, der einen totalen Berufswechsel bedeuten würde, war sehr eindringlich für einen jungen Pennäler wie mich. Jedenfalls musste ich nie eine Klasse wiederholen, geschweige denn »die Straße wechseln«. Ich absolvierte die neun Jahre Gymnasium verhaltensunauffällig und mit einem passablen Abiturergebnis.

Was mir im Laufe der Jahre auf dieser Schule immer deutlicher wurde, war der unüberbietbare Standortvorteil des Wittelsbacher Gymnasiums durch seine Nähe zur Theresienwiese und damit zum jährlichen Oktoberfest. Nur einmal die Arnulfstraße überqueren, über die Hackerbrücke gehen und schon geht's die Theresienhöhe hinab auf die Wiesn. Wie ein Pilgerstrom erschienen mir damals schon die Menschenmassen, die die Anhöhe von der S-Bahn herab auf den Festplatz strömten. Und wir Schüler mittendrin! Je älter wir wurden, umso selbständiger konnten wir uns auf dem Oktoberfest bewegen. Mensch, wie schön das Leben doch sein konnte. Allein der Gedanke, dass es heute mit allen Klassenkameraden auf die Wiesn ging, erzeugte Lebensenergie und Kraft. In diesen beiden Wochen, immer zum Schuljahresanfang, kam mir der tägliche Gang zum Gymnasium wie ein Triumphzug vor. Der Schulstoff war gerade noch überschaubar, die Hausaufgaben machbar, man hatte also nicht viel zu verlieren. Und ich hatte das Privileg, so nah bei diesem Volksfest wie nur möglich eine höhere Schule zu besuchen. Das allein machte bereits etwas aus einem. Man spürte förmlich den Stolz und die Würde, die einen umgab! Und wenn dann bei günstigem Windstand von der benachbarten Brauerei Hacker-Pschorr der Geruch, der beim Mälzen der Gerste und beim Brauen des Bieres entstand, durch die geöffneten Fenster der Klassenzimmer drang, dann fühlten wir uns schon, als würden wir auf der Theresienwiese stehen.

Zu viel Alkohol war bis zur zehnten Klasse allerdings noch kein Thema. Bis zum 18. Lebensjahr war ein Zutritt ohne Erziehungsberechtigte nicht drin. Alkohol in der Öffentlichkeit ab 16 Jahren, das kam erst später. Wenn ich als Bedienung im Schottenhamel-Biergarten damit konfrontiert wurde, dass ganze Schülergruppen auftauchten, blutete mir immer das Herz, wenn ich eine ganze Gruppe wegschicken musste, weil ein unter 16-Jähriger ohne Elternteil mit dabei war. So bekamen auch die anderen kein Bier – er hätte ja bei ihnen mittrinken können.

LANGSAMES AUFBÄUMEN

Etwas anderes war für uns Jugendliche damals aber viel interessanter als Alkohol: Die ersten Klassenkameraden brachten schon ihre Freundinnen mit zu den Wiesn-Trips. Und ich dachte, es wäre die Erhebung in den pubertären Adelsstand, wenn auch ich einmal eine Freundin hätte, die mich auf das Oktoberfest begleiten würde. Jeder würde sehen, wie wir Hand in Hand über die Wiesn schlendern, mutig Achterbahn fahren und wie ich im Karussell zärtlich den Arm um ihre Schulter lege und wir uns verstohlen küssen. Und schon spüre ich sie wieder, die Wiesn-Welle, wie sie sich weiter und weiter aufrichtet und bereits leicht an ihrer obersten Spitze kräuselt. Wir merkten ganz deutlich: Jetzt beginnt ein neues Zeitalter. Wir werden erwachsen. Wir nabeln uns ab vom begleiteten und betreuten Wiesn-Besuch. Wir werden selbst zu Gestaltern, haben es in der Hand, was dieser Besuch heute bringen würde, ob er langweilig oder ausgelassen daherkäme oder zum Abenteuer schlechthin würde.

Die Krönung war es natürlich, wenn man am Abend die Freundin allein bis zur Haustüre bringen konnte. Die Jungs zogen von dannen, ich aber enteilte wie ein begehrter Gigolo mit meiner Holden in die Nacht. Das ist in der Rückschau für mich so etwas wie Erwachsenwerden in Zeitlupe!

Wenn ich heute junge Menschen verheirate, die sich auf der Wiesn kennen- und lieben gelernt haben, kann ich alles nachempfinden, weiß ich, vor wem ich da stehe und welcher Zauber diese beiden Liebenden miteinander verknüpft hat. Man sagt ja gerne den Wiesn-Ehepaaren eine ganz besondere Qualität und Haltbarkeit voraus. Das kann ich jetzt natürlich nicht empirisch nachprüfen, da ich nie Buch über meine Hochzeitspaare geführt habe, aber ich kann sagen, sie sind etwas ganz Besonderes. Allein wenn sie sich mit den Worten bei mir vorstellen: »Wir haben uns fei auf der Wiesn kennengelernt!« – dann verbindet uns die ganz besondere Magie der Lebensfreude, die von diesem Oktoberfest auf so zauberhafte Art und Weise ausgeht.

DIE BESTIMMUNG DES MENSCHEN

Das Schottenhamel-Zelt wird bei den Münchnern gerne als »Teenie-Schuppen« bezeichnet, weil hier viele Jugendliche einkehren und feiern, vor allem im sogenannten »Schiff«, also den meist nicht reservierten Plätzen um die Musikbühne herum. Hier steppt der Bär, sagt man dann. Ich habe das so genossen in meinen letzten drei Jahren als Bedienung von 2015 bis 2018. Immer beim Reservierungswechsel, wenn wir die Tische in unserem Service neu eingedeckt, mit den Vorspeisenbrettln und Speisekarten versehen und die Reservierungsschilder angebracht hatten, gab es 15 Minuten Pause. Von der Galerie aus konnten wir dann ins Zelt hinabschauen und all die fröhlichen und ausgelassenen jungen Menschen beobachten, die hübschen Mädels mit ihren Dirndln (und Dekolletés) beim Singen und Tanzen auf der Bank betrachten und so richtig spüren, wie gut es ihnen gerade ging.

Wie sehr habe ich das in den beiden Pandemiejahren vermisst, als keine Wiesn stattfand, und wie sehr denke ich da immer an die ganze Welt. Wenn sie doch endlich verstehen würde, wozu wir als

Menschen hier auf Erden sind! Diese jungen Menschen machen es vor! Freude, Glück, Enthusiasmus, Lebensliebe, all das ist die Bestimmung des Menschen. So und nicht anders hat uns der Herrgott gedacht!

Menschen führen Kriege, verursachen Leid und Schmerz, treiben Wehrlose in die Flucht, massakrieren und lassen verhungern – aber wozu das Ganze? Sehe ich diese ausgelassenen jungen Leute, darf ich immer wieder spüren, was unsere eigentliche Bestimmung ist. »Wir sollten die ganze Welt mit Oktoberfesten überziehen, damit die da oben endlich merken, was das Leben sinnvoll macht«, hat ein Bedienungskollege einmal beim Blick hinab ins Zeltschiff gemurmelt. Das wäre die Lösung, dachte ich mir damals schon. Aber leider wird es nie dazu kommen.

Die Evangelien sind voll von Bildern fröhlicher Festmähler und dennoch ist die Menschheitsgeschichte eine einzige Kriegsgeschichte. Schon im Alten Testament beschreibt der Prophet Jesaja, wie Gott am Ende der Zeiten mit »seinen Völkern« ein rauschendes Fest feiern wird, »mit feinsten Speisen, ein Gelage mit edelsten Weinen, mit besten

Weinen, mit besten feinsten Speisen, mit edelsten Weinen« (Jesaja 25,6). Die Speisung der 5000 mit dem berühmten Brotwunder durch Jesus, das letzte Abendmahl Jesu mit seinen Jüngern, das Brotbrechen des Auferstandenen mit den Jüngern in Emmaus – immer wieder ist es ein Mahl, das als der Inbegriff des Heils verstanden wird. Natürlich braucht es kein Oktoberfest, um das zu verstehen. Wir haben unsere Gottesdienste, die Eucharistiefeier und unsere christlichen Feste. Die sollten an sich genügen. Aber wir haben auch das Oktoberfest als Erinnerung an eine ganz berühmte Hochzeit, nämlich die von Kronprinz Ludwig von Bayern und Prinzessin Therese am 12. Oktober 1810. Die damalige Lebensfreude ist noch heute zu spüren, natürlich in verändertem Gewand, mit anderer Musik und anderen Gebräuchen, aber sie wirkt fort.

UMWEGE

Als ich erwachsen wurde, rückten zunächst auch andere Dinge in den Fokus. Nicht dass ich mich von der Wiesn entfernt hätte – die Welle kräuselte sich ja, ich wurde volljährig, machte 1980 mein Abitur, war ein adretter junger Mann, hätte dieses Fest auskosten können ohne jegliche Grenzen. Man spürte, wie die Welle sich ganz oben aufbäumte. Jetzt wäre meine Zeit gewesen, jung, gesund, lebensfroh, voller Tatendrang: Hier kommt das »Feierbiest der Wiesn!« Ich hätte auch damals schon Bedienung werden und eine Karriere als Wiesn-Kellner starten können. Aber das musste noch ganze 26 Jahre warten! Das Leben ging andere Wege, aber sie führten mich nicht ganz weg von der Wiesn.

Zunächst zog ich mich zurück, ging nach dem Abitur im August 1980 zu den bayerischen Kapuzinern. Ich wurde Mönch! Also ein Mönch in der Probe, genannt Novize. Im Kloster der Kapuziner in Laufen an der Salzach lebte ich ein ganzes Jahr lang mit Kutte und Gebetbuch, werkelte im Garten, ging auf Kollektur, also zum Lebensmittelsammeln zu den Bauern, und liebte dieses Leben. Ein Wiesn-Besuch passte da natürlich nicht rein. Es hieß vier Mal am Tag beten, morgens, mittags, abends und nachts. Dazwischen lagen Stille, Arbeit und Gottesdienst. Es war alles so besonders und außergewöhnlich. Nein, die Wiesn war nicht vergessen, aber ich brauchte sie jetzt nicht. Etwas anderes Großes war aufgetaucht.

Doch im Leben kommt es meistens anders, als man denkt. Das Noviziat habe ich absolviert, aber nicht mit einem Gelübde abgeschlossen. Ich habe mich in diesem einen Jahr geprüft, um herauszufinden, wie ich wirklich leben wollte. Nun wusste ich, ich wollte Priester und Verkündiger des Evangeliums Christi werden. Im Kloster fühlte ich mich wie ruhiggestellt. Ich wollte aber etwas bewegen und das konnte ich nur in der Welt da draußen.

Es ging also schweren Herzens zurück nach München. Natürlich tut es weh, liebgewordene Vorstellungen zu revidieren und geliebte Menschen wie meine Mitbrüder im Kloster zurückzulassen. Aber ich hatte mich entschieden. Ich fuhr nach München, meldete mich im Priesterseminar an und nahm im Herbst 1981 mein Studium auf.

Dieses neue Leben wollte ich mir nun allerdings auch selbst finanzieren. Mein Vater unterstützte mich zwar, aber ich wollte es möglichst allein schaffen. Die Studienbedingungen für einen Priesteranwärter waren mehr als optimal. Untergebracht im Priesterseminar im Georgianum in der Ludwigstraße (1981–1983) und danach in der Georgenstraße (1984–1986) wohnte man in unmittelbarer Uninähe, bekam drei Mahlzeiten am Tag und das auch noch preisgünstig. Dennoch musste ein Job her. Es gab eigentlich nur eine Arbeit, die zu mir passte und mich noch dazu in ein ganz besonderes Verhältnis zu meiner Wiesn zurückbrachte, deren Welle sich ja immer noch aufrichtete und kräuselte: Ich machte den Taxischein für München! Nun erlebte ich meine Wiesn ganz neu, sozusagen vom Rand aus und doch irgendwie mittendrin.

MIT DEM TAXI AUF DER WIESN-WELLE

Die 16 Tage der Wiesn waren sehr begehrte Zeiten bei uns Taxlern und wer irgendwie konnte, reservierte sich seine Droschke gleich für die gesamte Zeit, also 32 mal 12 Stunden. Während der Wiesn verdient jeder, ob er sie nun direkt anfährt oder nicht. Wenn alle Droschken sich an der Theresienhöhe tummeln, sind andere Aufträge frei. Ja, wenn Wiesn ist, merken die Leute, wie wichtig wir Taxler sind. Dennoch zog es mich mit meinem Benz ständig wie magnetisch in Richtung Wiesn. Es war etwas Besonderes, dieses große Areal der ausgelassenen Freude zu umkreisen, verschiedene Standplätze anzufahren, von der Theresienhöhe auf die Bierzelte herabzuschauen und den einen oder anderen winkenden Wiesn-Gast aufzusammeln. Sehr aufregend waren immer die Stunden zwischen Schankschluss und 1 Uhr morgens, wenn alle Wiesn-Gäste aufbrechen wollten, ob nach Hause oder in ein anderes Lokal oder einen Club. Da brausten die Taxis nur so heran am Bavariaring, der Poccistraße und der Theresienhöhe. Jetzt galt es schnell zu sein und Glück zu haben. Eine kurze

Fahrt, die mich schnell zur Wiesn zurückbrachte, war immer lukrativer als eine »weite Reise« nach Grünwald, Germering oder Unterschleißheim. Denn kam man dann zu spät zurück, waren nur noch ein paar Restschwärmer mit erheblicher Alkoholmenge im Körper unterwegs, die sich natürlich nicht im Taxi entladen durfte. Diese Stunden im Taxi um meine geliebte Wiesn herum haben mich erwachsen gemacht. Gerade war ich aus der Stille des Klosters nach München zurückgekehrt, jetzt kämpfte ich hier wie ein Ritter der Nacht um zahlungskräftige Fahrgäste, die nach einem tollen Wiesn-Abend nach Hause oder woanders weiterfeiern wollten. Was für eine Welle! In stillen Momenten, in denen man mit seiner Droschke auf Gäste wartete, die Gerüche durchs offene Fenster aufnahm, die Musik und die Prosit-Rufe aus den Bierzelten hörte, das Lachen und Singen der heimkehrenden Gäste vernahm, da spürte man sie. Wie ein Wellenreiter nahm ich ihre ganze Wucht unter mir wahr. Das Fest lebte und bebte. Eine unglaubliche Energie war da zu spüren und weckte Gefühle der Wehmut, aber auch der Dankbarkeit und der tiefen inneren Freude. Ich war wieder zu Hause, an dem Ort meiner Kindheit.

VOLKSFESTSCHULE

Bis zum Sommer 1986 arbeitete ich als Taxifahrer. Dabei habe ich viel gelernt. Selbst 1983, als ich in Salzburg studierte, fuhr ich immer wieder nach München, legte ein paar Taxischichten ein und konnte mein Studium dadurch weiterfinanzieren. Mit Ende des Studiums und dem Eintritt in den Vorbereitungskurs zur Priesterweihe musste ich diese Nebentätigkeit aber aufgeben. Ich wurde aufs Land versetzt, nach Bad Kohlgrub bei Murnau, und kam nach meiner Priesterweihe 1987 als Kaplan nach Rosenheim. Rosenheim, das hieß natürlich auch: Herbstfestkult! Ich, der »Wiesn-Jünger« aus München, habe das gemütliche Herbstfest erst hier kennengelernt und erleben dürfen, wie die Menschen es leben und lieben. Natürlich ist es wesentlich kleiner als die Münchner Wiesn und ich lebte gefährlich, wollte ich auf diesen gravierenden Unterschied hinweisen. Manchmal dachte ich mir: So muss es auf der Wiesn gewesen sein, als sie noch in ihren Kinderschuhen steckte, bevor sie zum größten Volksfest der Welt wurde. Man kannte und traf sich dort und man feierte einen fröhlichen Erntedank.

Immer zur Herbstfestzeit fand auf dem Rosenheimer Max-Josefs-Platz ein feierlicher Erntedankgottesdienst statt und anschließend zog die ganze Gemeinde auf den Festplatz. Diese wunderbare Verbindung zwischen Gottesdienst und profaner Dankesfeier beeindruckte mich schwer. Auf unserer Wiesn gibt es das auch – wenn auch in kleinerem Stil – mit dem traditionellen Gottesdienst im Marstall-Zelt, das früher das Hippodrom war.

Auch in Rosenheim bin ich also in die »Volksfestschule« gegangen und habe viel Neues erfahren, das mich auch meine Wiesn besser verstehen ließ. Natürlich bin ich sowohl mit Jugendlichen aus Bad Kohlgrub als auch aus Rosenheim nach München zum Oktoberfest gefahren. Manche von ihnen waren zum ersten Mal da und ich habe es mit stolzgeschwellter Brust genossen, ihre staunenden Augen zu sehen, wenn wir stundenlang alle Straßen und Gassen der Wiesn abschritten und die Fahrgeschäfte und Standl begutachteten. Das ist meine Wiesn, erklärte ich ihnen und sie spürten, wie glücklich ich bin, ein Kind der Wiesn zu sein.

Natürlich kehrten auch wir nicht im Bierzelt ein, aber einige der großen Festzelte haben wir schon etwas genauer inspiziert, einen Blick in die Schänken und in die Küche hineingewagt, also natürlich nur außerhalb des sogenannten Passes, in dem sich nur die Bedienungen zur Speisenaufnahme aufhalten dürfen. In der Ochsenbraterei bestaunten wir den ganzen Ochsen am Grill und die vielen, vielen Menschen, die in so einem riesigen Festzelt Platz fanden.

Auch als Kaplan in Giesing (1991 bis 1993) und dann als Pfarrer in St. Maximilian (ab 1993) beschränkten sich meine Wiesn-Gänge auf diese Besuche mit den Kindern und Jugendlichen. Nie habe ich Einladungen ins Bierzelt angenommen. Nie habe ich auf Bierbänken getanzt oder bin gar betrunken nach Hause getorkelt. Es entsprach auch kaum meinem Naturell, ausgelassen mit tausenden Leuten bei Bier und Musik Party zu machen. Diese Selbsterkenntnis ist sehr wichtig, denn sie ist Folge der Veränderungen in meinem Leben. So hat sich seit meiner Zeit als Wiesn-Kellner bei mir vieles geändert – was so manchen aus meiner persönlichen Umgebung irritierte oder zumindest verwunderte.

2

VIEL ZU HART DER START – ERSTE WIESN-ERFAHRUNGEN

Für eine Wiesn-Bedienung beginnt die Wiesn bereits zwei Tage, bevor die Menschenmassen kommen. Die Wiesn ist dann komplett aufgebaut, alle Zelte stehen, alles ist vorbereitet, nur kleinere Handgriffe sind an den Fahrgeschäften und Standln noch nötig. Die Regale werden mit Waren befüllt, die Kühlschränke eingeräumt und alles wird noch einmal sorgfältig geputzt. In den Zelten treffen sich die Musiker und machen Klangproben. Überall herrscht bunte Geschäftigkeit und auch die wachsende Anspannung der Mitwirkenden kann man spüren.

Am Donnerstag vor dem Anstichtag treffen auch alle Mitarbeiter des Schottenhamel-Zeltes ein: die

Bedienungen, das Küchenpersonal, die Security-Angestellten, alle, die im Festbüro arbeiten und die Festwirte. Ansonsten ist das Zelt noch leer – die Wiesn ist aus Sicherheitsgründen bis zum Anstichtag für Schaulustige und Spaziergänger gesperrt.

Dieser Donnerstag ist der offizielle »Einschreibungstag«. Jede Bedienung meldet sich zum Dienst und reicht noch fehlende Unterlagen nach. Außerdem gibt es gegen Pfandgebühr die obligatorische Bedienungsnummer und die Dienstkleidung wie Regenjacke, Herrenweste oder Schürze – und man muss ordentlich zahlen! Da stehen bereits vorab Kosten an wie die Kaution für den Bedienungsstift zum Essen bestellen, die Vorauszahlung der ersten Steuer für drei Tage sowie der Pfandeinsatz für Besteck und den Maßkrugservice – das sogenannte Krügerlgeld für die Mitarbeiter, die den ganzen Tag an der Schänke stehen und die leeren Bierkrüge einräumen bzw. dem Schankmann zum Befüllen hinschieben.

Dieses erste Zusammentreffen im Zelt ist etwas ganz Besonderes, da fast alle langjährige Mitarbeiter sind, die sich aber meist nur an diesen 16 Tagen im Jahr begegnen. Das gibt ein großes Hallo. Wieder ist ein Jahr vergangen. Der eine ist dicker geworden, die andere hat abgenommen. Schicksalsschläge haben sich ereignet und wollen beredet werden.

Ich habe diese Vortreffen immer sehr genossen. Viele der Kolleginnen und Kollegen verfolgten mit, was alles über mich in der Öffentlichkeit zu erleben war oder geschrieben wurde. Manche waren auch Kirchgänger in meiner Kirche. Andere kamen für die Arbeit auf der Wiesn von sehr weit her – von Südamerika sogar. Da war die Wiedersehensfreude ganz besonders groß. Selbst nachdem ich nicht mehr auf der Wiesn aktiv war, bin ich jedes Jahr zu diesem Treffen gegangen. Die nahezu familiäre Atmosphäre dort wollte ich einfach miterleben.

Als ich 2006 zum ersten Mal hinging, war ich allerdings noch aufgeregt und verunsichert. Ich kannte ja niemanden außer Michael P. Schottenhamel jun. und Frau Schlicht vom Personalbüro. Außerdem war da noch ein junger Student, mit dem ich im Sommer während der Fußball-WM als Volunteer im Bereich Transport und Verkehr zusammengearbeitet hatte und von dem ich wusste, dass er auch

Bedienung im Schottenhamel-Zelt war. Ich hatte noch keine Ahnung, wie man sich auf den großen Start zwei Tage später vorbereitet. Die Betriebsleitung wollte ich aber mit meinen Fragen nicht nerven. Überhaupt wollte ich keine »Extrawürschte«, nur weil ich Pfarrer bin.

Als man mich fragte, in welchem Bereich des Zeltes ich gerne arbeiten würde, fragte ich ahnungslos zurück: »Wo fangen denn Neuankömmlinge sonst mit dem Dienst an?« Wie für jeden Neuen ging es dann auch für mich im Garten des Bierzeltes los. Später erfuhr ich, dass die jüngeren Kolleginnen und Kollegen meistens im Zelt, also im Schiff bei der Musikkapelle, arbeiteten, wo sehr viel junges Publikum unterwegs war. Die Altgedienten hatten ihre Stammplätze und Stammgäste – vielleicht in einer Box am Zeltrand. Oder sie arbeiteten auf der Galerie. Aber es gab auch Bedienungen, die seit vielen Jahren im Garten um das Zelt eingesetzt waren und darauf schworen. Da ist man zwar dem Wetter ausgesetzt, aber wenn es schön ist – 2007 war es die ganzen 16 Tage lang schön –, dann brummt auch hier das Geschäft. Man ist an der Luft, bedient weniger Partygäste und mehr Familien und Besucher, die zum Essen kommen. Und wenn es mal wirklich kein Biergartenwetter gibt, kann man nach Hause gehen und einen Ruhetag einlegen – hoffentlich nur einen.

EINSCHREIBUNGSTAG

Etwas eingeschüchtert hatte ich am Donnerstagvormittag das Schottenhamel-Zelt betreten. Es waren schon viele Leute da. War ich etwa zu spät? Gleich am Anfang so unangenehm auffallen, das wäre ja peinlich. Es trug noch niemand Dienstkleidung, deshalb konnte ich auch nicht erkennen, wer wofür zuständig war: Küche, Bedienung, Security, Schankhilfe. Ich ging durch die Reihen und beobachtete die vielen, vor allem jungen Leute. Diejenigen, die schon lange dazugehörten, fielen einander um den Hals, lachten oder polterten laut los. Die »Neuen« dagegen standen eher allein herum. Per Lautsprecher wurden die Namen derjenigen aufgerufen, die als nächste zur Registrierung kommen sollten. Man war erst beim Buchstaben »D«. Ich war also doch nicht zu spät und hatte noch Zeit, bis das »Sch« an die Reihe kam.

Also schlenderte ich durch die Reihen. An einem Tisch saßen mehrere junge Damen, eine hatte schon ihr Equipment bei sich – mit Schürze, Bedienungsnummer und dem weißen Haarbändchen, auf dem in roter Schrift »Schottenhamel« stand. Sie warteten offensichtlich noch auf die offizielle Begrüßungsrede durch die Festwirte Peter und Christian Schottenhamel. Die Damen saßen um eine ausgebreitete Zeitung herum und lasen laut einen Artikel vor, in dem stand, dass in diesem Jahr ein leibhaftiger katholischer Pfarrer als Bedienung im Schottenhamel-Zelt arbeiten würde. Darunter erkannte ich ein riesiges Foto von mir in rotem Messgewand bei einem Gottesdienst. Im ersten Moment dachte ich: »Ich muss hier weg!« Doch dann machte ich mir klar, dass ich es ja so gewollt hatte.

Natürlich stand fest, dass die Öffentlichkeit von meinem Job als Bedienung erfahren würde. Ich hatte ja gar nicht inkognito hier arbeiten wollen, weil das sowieso herausgekommen wäre. Außerdem hätte sich das nicht mit meinem Berufsethos vertragen. Wir verkündigen nicht im Verborgenen, sondern im Licht der Öffentlichkeit. Und ich verstehe auch meine Tätigkeit in diesen 16 Tagen als einen – zwar sehr besonderen, aber doch wichtigen – Verkündigungsauftrag. Nicht ohne Grund bekam ich später von meinem lieben Kollegen »Ritschi« anstatt einer Namensklammer an der Weste einen Anstecker mit der Aufschrift »Christlicher Bierexpress«. Ein zweiter Anhänger trug die Aufschrift »Berufssingle«!

Außerdem hatte ich der Presse ja selbst erzählt, was ich vorhatte. Im Juli, bevor das Wiesn-Gelände ganz abgesperrt wurde, war ich an dem Platz vorbeigeradelt, auf dem schon die ersten Teile des Schottenhamel-Zeltes standen. Hier traf ich Christopher Griebel von München-TV, der seinen »Stadtrundgang« drehte. Er spricht dabei mit Menschen, die er gerade trifft, und schaut sich eine ganz bestimmte Ecke Münchens genauer an. Auch mich fragte er damals, wer ich denn sei und was ich jetzt schon hier auf der Theresienwiese mache. Ich antwortete, dass ich katholischer Pfarrer sei und hier in Kürze zum ersten Mal als Bedienung arbeiten würde. Wir plauderten etwas und er wünschte mir alles Gute. Noch oft sah ich ihn in den nächsten zehn Jahren mit und ohne Kamera in unserem Zelt wieder. Durch seine Sendung also wussten jetzt alle Bescheid. Noch aber hatte mich hier im Zelt keiner erkannt. Die Frage war nur, wie die anderen es aufnehmen würden, wenn sie es herausfanden.

Etwas entfernt von dem dichten Gedränge vor dem Einschreibetisch, hörte ich plötzlich von hinten jemanden rufen: »Herr Pfarrer, da sind S' aber zwei Tag z'früh heraussen. Heut gibt's noch kein Bier!«

In München, muss man wissen, geht man auf die Wiesn »hinaus«. Ich drehte mich um und vor mir stand Daniel, einer, der seit einigen Jahren schon zu uns in die Kirche zur heiligen Messe kommt.

»Nein, nein«, antwortete ich ihm etwas verlegen, »ich bin schon richtig hier. Ich arbeite heuer auch als Bedienung!«

Daniel war zuerst sprachlos, dann lachte er über das ganze Gesicht. »Das darf nicht wahr sein!«, sagte er nur.

»Es ist wahr«, meinte ich, »aber könntest du vielleicht weniger schockiert sein und mir dafür ein bisserl erklären, wie das hier abgeht?«

»Sie haben keine Ahnung?«, entgegnete er, »Dann kommen Sie einfach mal mit!«

Jetzt begann meine Einweisung. Daniel erklärte mir in einem Schnellkurs alles, was ich für die nächsten 16 Tage wissen musste: dass ich gleich Biermarken kaufen und den Bedienungsstick aufladen müsse, um ab Samstag bei einer der Kassen Essen kaufen zu können; dass ich immer selbst für meinen Service verantwortlich sei, was Sauberkeit und Bestuhlung betreffe; wie man sich beim »Pass« an der Küche anstellt, wenn man seine Speisen abholen will; wo man seinen »Schlitten«, das große Tablett, ausleiht und wie man ihn mit vielen Tellern gleichzeitig belädt; wie es an der Schänke zugeht und wie man 14 Maß Bier gleichzeitig trägt; wo man nichtalkoholische Getränke wie Limo, Wasser und Spezi einkaufen kann und noch einiges mehr.

Mir rauchte der Kopf und ich fragte mich zum ersten Mal, ob ich das hier wirklich machen sollte. Das hatte ich nicht erwartet. Ich musste mich ja buchstäblich um alles kümmern, vom eigenen Putzeimer bis hin zum Wechselgeld. Exakt so aber ist die Arbeit einer Bedienung auf der Wiesn organisiert: Man kauft dem Festwirt Bier und Essen zum Nettopreis ab und verkauft es zum Bruttopreis. Die Gewinnspanne plus Trinkgeld ist dann der Verdienst der Bedienung. Man ist sozusagen ein Subunternehmer und das geschäftliche Risiko liegt ganz bei einem selbst. Wer also Bier verschüttet oder seinen Schlitten mit 20 Hendln zu Boden wirft, trägt auch den finanziellen Schaden. Bei 14 Maß Bier wären das gleich mal um die 140 Euro und bei 10 Hendln in etwa 150 Euro. Da heißt es, immer schön ruhig und besonnen arbeiten. Das alles musste ich nun lernen.

Zunächst aber musste ich schnell zu einem Bankautomaten laufen und Geld holen. Dass ich tatsächlich mit knapp 2000 Euro in Vorkasse gehen müsste, hatte ich nicht erwartet. Eigentlich wollte ich ja Geld verdienen und nicht ausgeben. Wieder eine neue Erfahrung des Unternehmertums, die uns Pfarrern nicht unbedingt geläufig ist.

Ich besorgte das Geld und bekam, als ich aufgerufen wurde, meine Bedienungsmarke, bezahlte mein »Krügerlgeld« und die Auslagen für die Betriebskleidung. Schottenhamelbedienungen sind neben den Bedienungen des Augustiner-Festzeltes die einzigen, die die klassische schwarz-weiße Bekleidung tragen: schwarze Hose, weißes Hemd und schwarze Weste die Männer. Schwarzer Rock und schwarze Bluse mit weißer Schürze und Haarfähnchen auf dem Haupt die Damen. Ich war sehr froh darüber, dass ich nicht in Lederhosen bedienen musste, denn Tracht zu tragen wäre nicht mein Ding gewesen.

Nun fehlte mir nur noch ein gültiger Urlaubsschein meines Arbeitgebers, der Diözese München und Freising. Noch nie hatte ich einen solchen irgendwo vorlegen müssen. Aber ein Anruf im Ordinariat genügte und die zuständige Dame stellte ihn mir sofort per Fax ins Wiesn-Büro zu. Der Urlaubsschein bestätigte, dass ich die nächsten 16 Tage meinen bezahlten Urlaub auf der Wiesn verbringen und somit keine eigene Kranken- und Sozialversicherung brauchen würde. Dadurch fiel ich auch unter einen etwas geringeren Steuersatz. Auch die Steuer auf das zu verdienende Geld zahlt man als Bedienung im Voraus. Dass mein Ordinariat mich da so unterstützte, möchte ich sehr hervorheben. Das ist nicht selbstverständlich – immerhin bin ich der erste Pfarrer, der je auf die Idee gekommen ist, im Urlaub als Wiesn-Bedienung zu arbeiten.

Die Bedienungsnummer, die ich bekam, war übrigens die 173. Auch das war etwas Besonderes. 1810 fand das erste Oktoberfest statt; die Wiesn war seitdem nur wegen Pestausbrüchen oder Kriegen einige Male ausgefallen. 2006 war es exakt die 173. Wiesn in ihrer Geschichte. Mit dieser Nummer konnte ich nun auf einem Plan, der am Zelteingang hing, nachschauen, wo ich die nächsten 16 Tage meine Gäste bewirten würde.

Ich fand meine sieben Tische im südlichen Gartenbereich direkt angrenzend an den Vordergarten beim Haupteingang. Ich hatte keine Ahnung, ob dies ein guter Platz war oder nicht. Aber eigentlich sollte das keine Rolle spielen, es musste ohnehin nur das Wetter passen. »Nicht zu nass soll es sein, nicht zu heiß und nicht zu kalt, dann kommt jeder auf seine Kosten«, hatten mir meine neuen Kollegen gleich erklärt. Ich war gespannt, wie es übermorgen laufen und wie ich mich bei dieser ungewohnten Aufgabe schlagen würde.

O'ZAPFT IS!

Am Anstichtag hieß es um halb acht in der Früh antreten zum Dienst. Bewaffnet mit meinem »Schlitten«, einem Putzeimer und Putzlappen und einem Geldbeutel mit ausreichend Kleingeld radelte ich auf meine Wiesn. Der Ritt konnte beginnen. Die Kellneruniform passte, das Wetter war gut. Auf dem Weg durch mein Pfarreigebiet grüßten mich die Leute, die mich erkannten, wünschten mir einen guten Start und riefen mir nach: »Schaun S' fei, Herr Pfarrer, dass Sie viel Trinkgeld kriegen!«

Noch nie war ich am Anstichtag auf dem Oktoberfest gewesen. Ich betrat völliges Neuland und das in dem Zelt, in dem die Wiesn durch das Anzapfen mit dem Oberbürgermeister um 12 Uhr offiziell eröffnet wird. Natürlich war ich aufgeregt, aber nicht nur ich. Selbst altgediente Bedienungen spüren jedes Jahr eine gewisse Grundnervosität vor dem Start ins zweiwöchige Wiesn-Glück.

Trotz der frühen Morgenstunde waren schon sehr viele Menschen unterwegs in Richtung Festplatz auf der Theresienwiese. Ich staunte nicht schlecht. Wir hatten die Wiesn wegen der Menschenmassen am ersten Tag immer gemieden. Meine Eltern gingen dann lieber mit uns wandern. Auf einem Berggipfel ist mehr Platz, meinten sie.

Unglaublich, wer da alles schon auf den Beinen war! In Scharen drängten in Tracht gekleidete Menschen auf allen Zufahrtsstraßen hin zur Theresienwiese. Als ich den Biergarten betrat, war bereits alles voller Gäste. Keine Bierbank war mehr zu sehen! Es war gar nicht daran zu denken, erst noch zu putzen. Die Leute warteten auf das offizielle »O'zapft is«. Dann würde es Bier für alle geben. Natürlich gab es schon eine kleine Brotzeitkarte mit Weißwürsten, Gulaschsuppe, Brotzeitteller, Limo oder Wasser – alles außer Bier. Aber nur wenige bestellten etwas. Manche hatten, weil das in bayerischen Biergärten grundsätzlich erlaubt ist, ihre eigene Brotzeit mitgebracht. Zu protestieren gab es da nichts. Die Plätze im Garten sind nicht reserviert und stehen jedem offen. An einem Tisch saßen lauter junge Studentinnen und Studenten, ausgerüstet mit allem, was es für ein richtiges Weißwurstfrühstück braucht – sogar mit Warmhaltewanne für die Würste. Damit konnte man sich die vier Stunden bis 12 Uhr gut vertreiben. Mir haben sie nichts abgekauft, nicht mal Wasser oder Limo. Jedes Jahr trafen sie sich wieder in meinem Service, wie bestellt kamen sie immer am gleichen Tisch zusammen und feierten das Leben. Es ist doch unglaublich, wie idealistisch und ritualisiert der Mensch sein kann.

Ich habe die besondere Stimmung in diesen Stunden bis zum Anzapfen immer genossen. 45 Minuten vor 12 Uhr musste ich mich allerdings schnell an einer der Schänken im oder außerhalb des Zeltes anstellen. Der frühe Vogel fängt den Wurm und die erste Bedienung bekommt die ersten Maßkrüge für ihren Service. Wenn man dann um kurz nach zwölf Uhr mit 14 Maß in den Armen durch die Menschenmasse geht, die einem staunend nachschaut und -ruft, fühlt man sich wie auf einem Catwalk der ganz besonderen Art! Hat man dann die ersten Gäste mit dem ersehnten Kaltgetränk versorgt, blickt man in lauter glückliche Gesichter. Diese Momente, dieses Austeilen-Dürfen – dafür liebe ich diesen Job. Das kommt auch meiner eigentlichen beruflichen Passion sehr nahe. Wenn ich den rappelvollen Biergarten mit den fröhlichen Menschen sehe, kommt mir das biblische Bild von der Speisung der 5000 durch Jesus in den Sinn. War es damals genauso zugegangen? Jesus genügten 5 Brote und 2 Fische, um alle zu sättigen – und am Ende blieben auch noch 12 Körbe voll davon übrig. So einfach geht es beim Oktoberfest natürlich nicht. Allein die Logistik, die nötig ist, um in 16 Tagen Millionen von Menschen mit besten Speisen zu sättigen, wird mich immer beeindrucken.

WUNDERBARER KNOCHENJOB

Zum Glück ging alles gut an meinem ersten Tag. Um zwölf feuerten die Böllerschützen lautstark ihre Salven ab, das Bier begann sofort reichlich zu fließen und Bedienung für Bedienung machte sich mit 10 bis 15 Maß auf den Weg. Überhaupt gibt es in diesen ersten Minuten der Wiesn nur Bier. Erst später werden auch Speisen gebracht. Unglaublich, wie appetitlich und reichlich das Essen war, das ich den Gästen bringen durfte! Die Routine, einen Tisch immer gleich mit Getränken zu versorgen und dann erst die Essensbestellungen aufzunehmen, hatte ich schnell drin. Es machte mir Freude, mitten in diesem Getümmel bei den Menschen zu sein – alle waren bestens aufgelegt, freuten sich des Lebens und waren sehr großzügig.

Trotzdem war es anstrengend, immer zügig, effektiv und zum Wohl des Gastes zu arbeiten. Das wichtigste Gebot dabei: Geh keinen Weg umsonst! Irgendwas musst du immer in der Hand haben. Tische räumt man im Vorübergehen mit ab und mit sechs Maß Bier in der rechten Hand gehen sich immer noch vier Hendln in der linken aus. Schnelligkeit wirkt sich ungemein positiv auf das spätere Trinkgeld aus. Vor allem aber freut sie den Gast – und das ist doch das Wichtigste.

Diese Schnelligkeit hat allerdings ihren Preis: Man verliert vollkommen das Zeitgefühl, funktioniert wie eine Maschine, ist nur am Laufen und Schleppen. Man taucht völlig ein in seinen Servicebereich, lernt, welche Schänken zu welchen Zeiten weniger belagert sind und wie man am schnellsten an den Hendlgrillstationen oder am Küchenpass ans Essen kommt. Anschließend gilt es, möglichst rasch und sicher mit dem Essen und den Maß-

krügen zwischen den vielen Menschen hindurch-
zukommen und seine Tische zu erreichen. Man
spürt die langsam eintretende Erschöpfung, aber
das Adrenalin puscht einen ständig weiter. An Pausen ist nicht zu denken. Bis in die Nacht hinein fordert der Gast deine Dienste. Ein persönliches Verhältnis zu ihnen ist sehr wichtig. Ein paar lockere
Sprüche, ein Lächeln, ein kurzes Wort, ein herzli-
ches »Lasst's euch schmecken!« So sorgt man dafür,
dass sie sich wohlfühlen.

Vom Inneren des Bierzeltes wird die Musik nach
draußen übertragen und ich konnte miterleben,
wie die Wiesn-Welle ihrem Höhepunkt entgegen-
rollte. Die gemütliche Blasmusik wurde abgelöst
von beschwingtem Partysound, bekannte Wiesn-
Hits wurden gespielt, die Menschen begannen auf
den Bänken zu stehen und mitzusingen. Ich war
mittendrin und sorgte zusammen mit all meinen
Kollegen dafür, dass diese Party möglich war. Das
Gefühl des Stolzes werde ich nie vergessen. Unermüdlich lief ich zwischen Biergarten und Party-
höhle im Zeltinneren hin und her. Jeder Gang war
eine willkommene Gelegenheit, für eine Weile in
die feiernde Festmenge einzutauchen. Es war ein

einziges Brodeln. Die enorme Geräuschkulisse wurde einem immer erst richtig bewusst, wenn die Musik auf der Bühne mal aussetzte.

Bereits an meinem ersten Tag habe ich mir meinen Wiesn-Hit auserkoren: »Sweet Home Alabama« von Lynyrd Skynyrd. Schnell habe ich herausbekommen, wann die Band dieses Lied spielt, das ein ganzes Zelt zum Beben bringen kann. Und jedes Mal, wenn es so weit war, ging ich ins Zelt hinein, um etwas zu erledigen. Zu beobachten, wie ausgelassen die Menschen den Refrain mitsangen, war wie eine Offenbarung für mich. Plötzlich standen Abteilungsleiter und Sekretärinnen schunkelnd vereint auf der Bierbank, ohne dass es noch irgendwelche Unterschiede zwischen ihnen gegeben hätte. Es ist also doch möglich, dass Menschen es über alle Standesgrenzen hinweg miteinander können. In Freude und Ausgelassenheit zu leben – müssen wir das von einem Volksfest lernen? Wenn es hilft, warum nicht. Allemal besser als die Art und Weise, in der Menschen sonst so miteinander umgehen. Wie sehr freute ich mich, das hier miterleben zu dürfen!

Bei schönem Wetter bleiben die Gäste bis zum Schluss. Bier gibt es bis 22:30 Uhr, dann wird langsam abgeräumt und die Bänke werden hochgestellt, damit die Putzkolonne nachts den Biergarten reinigen kann. Und die abgekämpfte Bedienung geht völlig ausgelaugt und verschwitzt, aber durch und durch glücklich nach Hause. Man ist auch froh, wenn man nach einem solchen Tag sagen kann: Es ist nichts passiert. Es gab keinen Unfall, keinen Sturz und keine Handgreiflichkeiten im eigenen Service. Das kann nämlich das Aus für die betroffene Bedienung sein. Schon kleinste Verletzungen machen es unmöglich, die schweren Lasten zu tragen. Ja, Wiesn-Bedienung zu sein ist ein Knochenjob, aber ein wunderbarer Knochenjob, ein außergewöhnlicher und ganz anderer.

Müde und jeden Knochen und jeden Muskel spürend steuerte ich nach so einem Tag mein am Rand der Festwiese abgestelltes Fahrrad an und radelte inmitten der singend und grölend von der Theresienwiese wegziehenden Menschen entlang. Gott sei Dank war ich in wenigen Minuten zu Hause.

Das Leben kann unglaublich einfach daherkommen: Eine Dusche, ein kaltes Gute-Nacht-Bier und eine kleine Brotzeit – das genügt nun. Kurz darauf liegt man zufrieden in seinem Bett. In den Ohren rauscht es noch ein wenig – die Lautstärke in Zelt und Garten fordert eben ihren Tribut. Aber die Müdigkeit ist stärker. Und am nächsten Tag ab Viertel vor acht wird es wieder voll werden im Biergarten. In der Gewissheit, dass auch dieser Tag und alle anderen, die da kommen, ein Höhepunkt sein werden, ist das Einschlafen ein Kinderspiel. Na dann, liebes Oktoberfest, das haben wir doch gut gemacht, oder? Gute Nacht!

3

DER AUFSTIEG – VOM KLOGANG ZUM HAUPTEINGANG

Am letzten Abend meiner ersten Wiesn fragte mich Peter Schottenhamel: »Was ist, Herr Pfarrer, sehen wir uns wieder nächstes Jahr, oder bleibt es beim einmaligen Gastspiel?« »Und wie wir uns sehen!«, habe ich geantwortet. Wir wussten beide: Der Wiesn-Virus hatte mich gepackt. Er lässt einen nicht so schnell wieder los. Das habe ich zehn Jahre lang erlebt – und ich bin ihm alles andere als böse. Dieser Virus will, dass das Leben um einen herum tobt und steppt. Es muss was los sein, Leute müssen da sein, gute Stimmung muss herrschen, Hunger und Durst sollen sie haben und man selbst darf für Abhilfe sorgen. Ein nettes Gespräch mit den Gästen, ein bisserl feixen und flirten, das gehört dazu. Hinzu kamen anrührende Begegnungen mit Menschen, die ich lange nicht gesehen hatte oder die extra aus meiner Pfarrei vorbeischauten. »Wir wollen doch nur sehen, wie Sie jetzt so ihren Urlaub verbringen, Herr Pfarrer!«, sagten sie dann, standen unschuldig, wie es nur brave Katholiken tun können, vor mir und hofften, dass auch wirklich ich sie bedienen würde.

Obwohl es viele langjährige Mitarbeiter im Schottenhamel-Zelt gibt, kommt es beim Personal jedes Jahr zu einigen Wechseln. Junge Studentinnen und Studenten schließen ihr Studium ab, werden berufstätig und können nicht mehr bedienen. Ihr Service wird dann frei und kann neu besetzt werden. Nach zwei Jahren im seitlichen Garten des Zeltes, der unter der Woche immer erst ab dem Nachmittag voll besetzt war, war es Zeit für mich, in der »Biergartenhierarchie« aufzusteigen und nach vorne, links um die Ecke zu rücken. Der »Vordere Garten« direkt beim Haupteingang war schon allein wegen der imposanten Kulisse der Zeltfassade immer gut besucht. Also fragte ich vor dem Oktoberfest 2008 immer wieder im Personalbüro nach: »Wird was frei? Gibt's Veränderungen? Hört vielleicht jemand auf?« Nein, ich wollte auch jetzt keine

Sonderbedingungen, ich wollte nicht irgendwo hingepusht werden oder jemandem den Platz wegnehmen. Aber wenn sich da von selbst etwas tat, dann wollte ich nun auch einmal ins Zentrum des Geschehens, dorthin, wo viele Menschen vorbeiströmten.

Da mein bisheriger Servicebereich auf dem Weg zu den Sanitäranlagen im Freien lag, nannte man ihn gerne etwas abschätzig den »Klogang«. Unzählige Male habe ich wohl in den beiden ersten Jahren die Frage »Geht's hier zum Klo?« beantwortet. Da half bald nur noch Selbstironie. Als mir das Personalbüro mitteilte, dass ich um die Kurve herum nach vorne könne, fühlte es sich an wie der Übertritt in eine neue Klassenstufe. Der Wiesn-Virus gewann an Lebendigkeit und die Vorfreude auf die nächste Wiesn war groß.

DER VORDERE GARTEN

Der vordere Garten hatte im Vergleich zu meinem bisherigen Arbeitsplatz schon etwas Besonderes, weil er, nur durch Holzwände und Verkaufsbuden abgetrennt, an die erste Wiesn-Hauptstraße, die sogenannte Wirtsbudenstraße, angrenzte. Vom vorderen Garten hatte man einen Blick in die Höhe. Das stumme Riesenrad auf der rechten Seite, der Skyfall vor uns – ein riesiger Turm, von dem die Leute laut schreiend in die Tiefe rauschten, bis sie abrupt abgebremst wurden. Die Achterbahn im Hintergrund, deren Wagen man heruntersausen hörte, und natürlich zur rechten Hand beim Löwenbräu-Zelt den riesigen Pappmascheelöwen, der alle halbe Stunde den Maßkrug zum Trinken ansetzte und mit tiefer Stimme »Löwenbräu« brummte.

Für eine Bedienung beschränkt sich die Wiesn-Erfahrung eigentlich nur auf die Arbeit und den morgendlichen und abendlichen Gang zum Zelt bzw. zum geparkten Fahrrad. Das unterscheidet einen von den Gästen. Ich habe es immer als einen ungeheuren Kontrast erlebt, wenn ich mich abends nüchtern, müde und hungrig durch die

Masse schlängelte, während sich die Menschen um mich herum noch eine letzte Fisch- oder Bratwurstsemmel reinschoben, laut sangen oder sich, obwohl sie bereits einige Maß Bier intus hatten, in wilde Fahrgeschäfte wagten. Wenige Stunden später, wenn ich den gleichen Weg morgens in die andere Richtung zum Zelt gehen werde, ist alles aufgeräumt, kein Dreck liegt mehr am Boden, alles ist ruhig und still, als wenn die Wiesn noch gar nicht angefangen hätte. Selbst am Morgen des letzten Tages ist das so. Das war schon faszinierend.

Anhand der immer wiederkehrenden Geräusche in Verbindung mit dem Sonnenstand und der abnehmenden Helligkeit lernte ich bald die Uhrzeit ohne Armbanduhr zu bestimmen. Dabei half auch die Musik, die sich immer nach einem bestimmten Tagesplan richtete. Wenn also »mein Titel« »Sweet Home Alabama« zum ersten Mal gespielt wurde, musste es 17:30 Uhr sein. Diese Fähigkeit erwies sich als sehr hilfreich, denn Armbanduhren stören in diesem Gewerbe. Ein Handgelenk braucht Freiheit, um stundenlang Krüge und Teller schleppen zu können!

Erfahrene Wiesn-Besucher und viele Münchner schätzen vor allem die »Mittags-Wiesn« unter der

Woche. Da ist es nicht laut, man hört Blasmusik aus dem Zelt und sitzt in der Sonne. Die Geräusch-kulisse ist noch gering, weil der Biergarten noch nicht überfüllt ist. Um diese Zeit feiert auch noch niemand oder tanzt auf den Bänken. Die Mittags-Wiesn ist jedoch keine Seniorenveranstaltung. Es kommen viele junge Menschen, Studenten und Schüler, Beschäftigte aus den umliegenden Firmen, die hier ihre Mittagspause verbringen, und natür-lich die ältere Generation, die gerade diese Gemüt-lichkeit eines Biergartens suchen und schätzen.

Trotzdem wird es auch hier schon mal eng, an den Tischen, in den Gängen und bei den Eingängen. Man brachte oft kaum so viel Bier und Getränke, Hendln und Essen herbei wie nötig.

Zum Glück merkte ich schnell, dass das Team hier vorne zusammenarbeitete, obwohl jeder sei-nen eigenen Service hatte. Mehrere Male spürte ich nämlich, dass ich an meine Grenzen stieß. Nicht wegen meines Alters, sondern weil eine gewisse Grundwendigkeit und Schnelligkeit nötig war, um Bestellungen aufzunehmen, die Gänge zur Schänke oder zur Küche, zur Hendlgrillstation oder zum

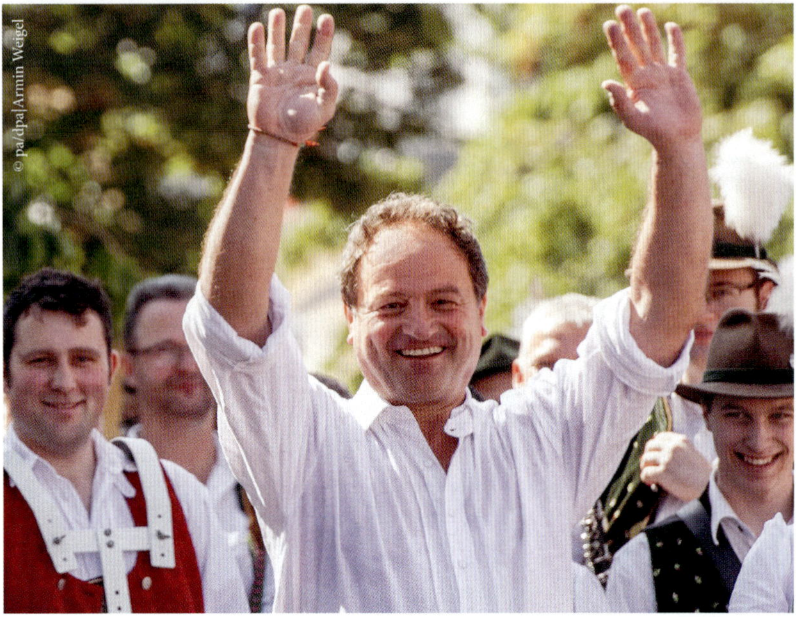
© pa/dpa|Armin Weigel

»Wiesn-Glück«

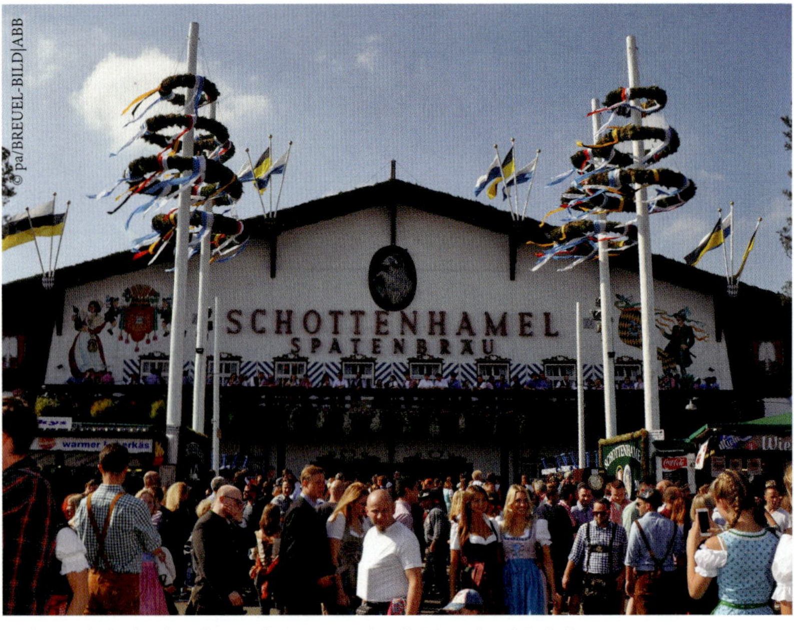
© pa/BREUEL-BILD|ABB
SCHOTTENHAMEL
SPATENBRÄU

Im ältesten Oktoberfestzelt wird angezapft. Keine Wiesn ohne die Schottenhamel-Festhalle.

Ein Abend auf der Wiesn

Wiesn-Einzug der Festwirte und Brauereien

Erstmals als Dirigent auf dem Wiesn-Konzert 2016

Abschied als Wiesn-Bedienung – im Kreis einiger Kolleginnen und Kollegen

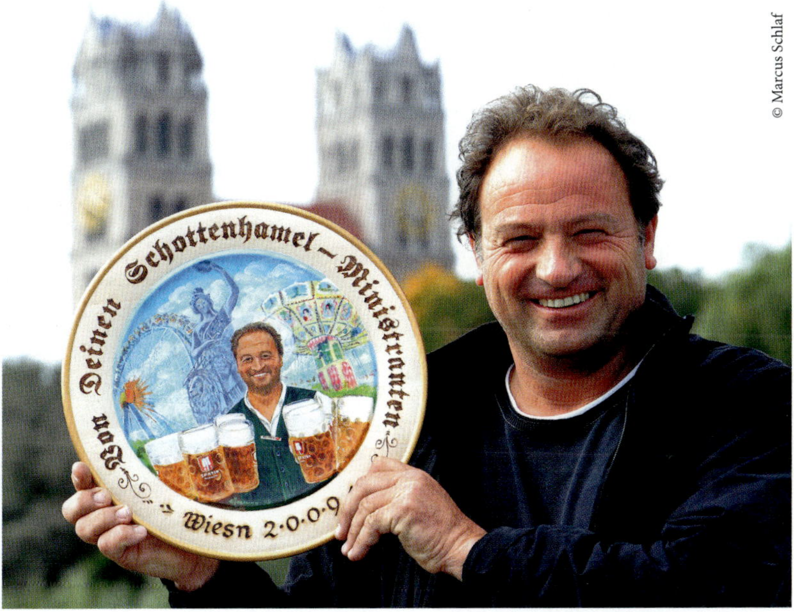

© Marcus Schlaf

2009: eines der erfolgreichsten Spendenjahre. Als besondere Auszeichnung zum Saisonabschied überreichten die »Gartler«-Kollegen eine Schützenscheibe mit Konterfei und Text: »Von Deinen Schottenhamel-Ministranten«.

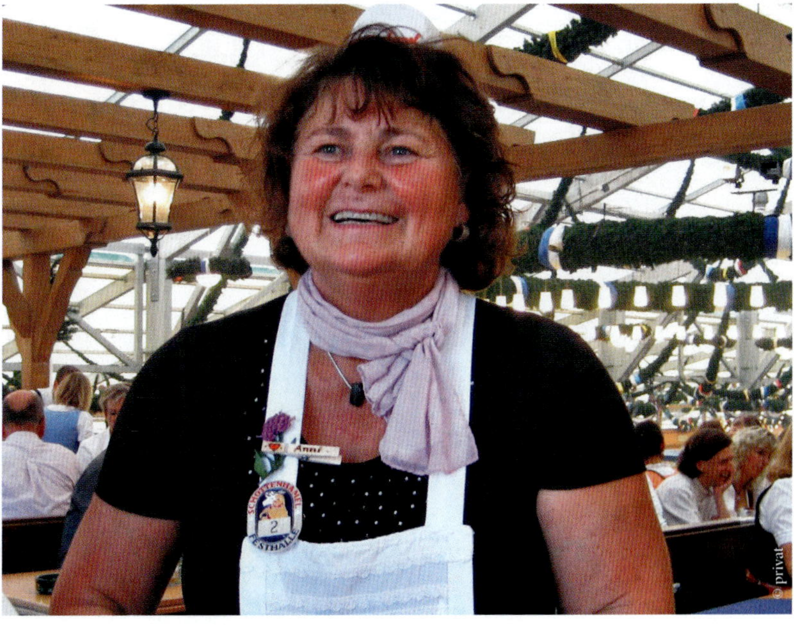

© privat

Anna Wimmer, 24 Jahre Bedienung auf der Wiesn

Die Wiesn-Wirte Christian und Michael Schottenhamel

Zehn Jahre Bedienung auf der Wiesn – Rainer M. Schießler

Kaltbuffet zu organisieren, die Speisen und Getränke an die richtigen Tische zu bringen und danach
das Kassieren nicht zu vergessen. Welcher Pfarrer
ist schon für so eine Tätigkeit geeignet? Man sagt
unserem Berufsstand ja ohnehin nach, praktisch
eher unbegabt zu sein. Gerne habe ich in meinem
Leben versucht, das Gegenteil zu beweisen, nur
hatte ich bei der Auslastung in diesem Teil des Biergartens dann doch das Gefühl, dass den anderen
alles leichter von Hand ging.

TEAMGEIST

Aber das täuschte. Hier hat jeder gebuckelt, hinge-
langt, geackert und geschwitzt. Keiner war hier der
Supermann. Jeder kam mal unter die Räder des
ganz normalen »Wiesn-Stresses«, hatte mal einen
Tisch voll ungeduldiger oder schwieriger Gäste
und unterschiedlichste Bestellungen, die ihn von
einem Ende des Platzes zum anderen trieben. Niemand hatte hier eine, wie man in Bayern so schön

sagt, »g'mahte Wiesn«! Doch man war nicht allein.
»Ich habe auf der Wiesn eine Kollegialität erfahren,
die ich mir manchmal in meiner Kirche gewünscht
hätte«, sagte ich schon nach meiner ersten Wiesn
öffentlich. Im vorderen Garten war die Kollegialität
beispiellos: Ein Kollege nimmt dir etwas ab, was zu
schwer für dich wird, oder hilft dir mit einer Maß
aus, die du zu wenig hast. Jemand macht für dich
einen Gang zum Essen holen, räumt deinen Service mit ab oder übernimmt und schickt dich in
eine kurze Pause. Abgerechnet wird dann später –
und zwar auf Heller und Cent! Und natürlich ist
das auch umgekehrt so: Keiner verweigert dem anderen diese Unterstützung, springt ein und hilft,
wo er nur kann. Keiner hintergeht den anderen,
lieber zahlt man noch was drauf. Das klingt jetzt
sehr idealistisch – und das ist es auch. Aber anders
ginge es gar nicht! Wenn in dem Getümmel auch
noch Uneinigkeit und Streit, Konkurrenzdenken
und Ablehnung, Missmut oder einfach nur schlech-
te Stimmung herrschen würden, würden es auch
die Gäste bemerken. Wir verstanden uns aber
durchaus als Botschafter der Wiesn. Wir waren das
Gesicht dieses weltgrößten Volksfestes mit 200-jäh-

riger Tradition. Jeder wollte dem gerecht werden. Unser Kellneroutfit, die Bedienungsmarke und -nummer an der Weste, unser ganzer Dienst hier, das war nicht nur etwas Äußerliches – wir lebten es. Kein Außenstehender kann das nachvollziehen. In diesen Jahren der Zusammenarbeit entstanden echte Freundschaften, wie immer, wenn man gemeinsam durch dick und dünn geht. Auch die Durststrecken bei schlechtem Wetter bewältigten wir im Team. Sicherlich gab es diesen Teamgeist auch in den anderen Abschnitten des Schottenhamel-Biergartens, aber hier vorne, direkt beim Haupteingang, eingegrenzt nach allen Seiten, spürte ich den Korpsgeist ganz besonders. Vielleicht hatte ich auch einfach Glück, weil ich den besten Leuten begegnen durfte: Carmen, Klaus, Schorsch, Olli, Tom, Patrick, Lucky, Markus – das sind nur einige aus dem Team im vorderen Garten.

EIN LEIBHAFTIGER PFARRER BEDIENT

Sehr schnell entwickeln Gäste einen Draht zu »ihrer« Bedienung. Wenn ein neuer Tisch mit mehreren Gästen belegt wird, stellt man sich mit seinem Vornamen vor und fügt dann noch hinzu: »Heute bin ich Ihre Bedienung, die für Sie da sein wird!« Spätestens da ist jedes Eis gebrochen. Die Gäste haben Vertrauen, nehmen dich ernst in dem, was du für sie tust, und können auch den einen oder anderen Fehler akzeptieren. Selten habe ich sonst so eine direkte Nähe zu den Menschen erlebt. Die Energie, die von so einem voll besetzten Biergarten ausgeht, gilt es dann zu dirigieren und die Freude und Lebenslust der Menschen zu teilen. Natürlich sind Schlagfertigkeit oder die Fähigkeit, ausländische Gäste in deren Sprache anzusprechen, da von ungeheurem Vorteil.

Als es sich immer mehr herumsprach, dass im Schottenhamel-Zelt ein leibhaftiger Pfarrer bediente, kamen auch viele Neugierige, nur um einmal einen Blick auf mich in voller Aktion zu werfen. Der Standort im vorderen Garten war da von

Vorteil. Die Leute mussten nämlich nicht mehr durch den ganzen Biergarten ziehen, um mich zu finden. Sie konnten gemütlich auf dem großen Platz vor dem Haupteingang stehenbleiben. Wenn sie mich, vielleicht sogar mit einer Ladung Essen oder Bierkrügen in den Händen, erspähten, war die Freude groß – vor allem, wenn ich nach getaner Arbeit auch noch etwas Zeit hatte zum Ratschen oder für ein gemeinsames Foto. Bald entwickelte sich dieser Platz zum regelrechten Treffpunkt derer, die den »Herrn Hochwürden« sehen wollten.

Übrigens: Hochwürden! Heute ist diese Bezeichnung für einen katholischen Pfarrer ja – Gott sei Dank – nicht mehr üblich, malt sie doch ein eher verstaubtes Wesen der katholischen Kirche vor Augen. Jetzt war aber mein Mitwirken auf dem Oktoberfest alles andere als antiquiert oder altmodisch. Dass ich hier alle Bilder, die man sich von einem Geistlichen so macht, über den Haufen warf, fiel mir immer besonders auf, wenn Kollegen mir ein fröhliches »Guten Morgen, Hochwürden!« zuriefen. Das trug gar nichts an Spott oder Ablehnung in sich. Sie schienen nur stolz, dass wir hier für

16 Tage ein großes Miteinander lebten. Selbst die Festwirte scheuten sich nie, mich mit diesem altehrwürdigen Titel anzusprechen. Was früher Ausdruck höchster Standesverehrung war, konnte hier auch im Spaß verwendet werden, ohne abwertend gemeint zu sein. So habe ich es in meiner Zeit auf der Wiesn erlebt und ich bin sehr dankbar dafür.

Als Priester konnte ich hier eintauchen in eine Welt, in die ich nach der allgemeinen Vorstellung gar nicht gehörte. Die ungewöhnliche Begegnung, die Menschen hier mit mir und meiner Kirche hatten, löste viele schöne alte Erinnerungen bei ihnen aus an eine frühere heile Welt – ungeachtet all dessen, was durch die Kirche an Unheil geschehen ist und immer wieder geschieht. Man begann an Altem anknüpfend eine neue Beziehung zu entdecken.

Wenn die Zeit es irgendwie erlaubte, fanden aber auch ernste Gespräche statt. Das war genauso wichtig für mich wie der ganz alltägliche Dienst. Aus der verrückten Idee, einmal Wiesn-Bedienung zu sein, wurde plötzlich etwas Missionarisches.

Mein Kollege Ritschi formulierte das 2007 so: »Wenn du nicht dagewesen wärst, hätte uns die Kirche wieder alleingelassen.« Mehr Rührung geht nicht.

4

KOMISCHES UND TRAGISCHES –
DIE MENSCHLICHE WIESN

Die Wiesn hat entweder Freunde oder Feinde, und das immer gleichzeitig. Die beiden Jahre der Pandemie und damit der Ausfall des Oktoberfestes haben jedoch viele Gegner eines Besseren belehrt. Bei aller Kritik am Verhalten so mancher Gäste – diese Veranstaltung ist ein Stück Kulturgut, das nicht einfach wegzudenken ist. Trotzdem muss es natürlich auch darum gehen, sich weiterzuentwickeln, das Optimale für die Gäste herauszuholen und sich bewusst zu sein, dass über allem Kommerz der Charakter des Festes steht. Die Einführung der »Oidn Wiesn« vor über 10 Jahren ist eine solche gelungene Weiterentwicklung.

Auf die Wiesn kommen Menschen, um miteinander zu feiern! Woanders auf der Welt bekriegt man sich, verwehrt einander den Lebensraum, behindert die Gemeinschaft, treibt Menschen in die Flucht und beraubt sie ihrer Lebensqualitäten. In diesem Sinne bekommt die Wiesn einen ganz hohen gesellschaftlichen Stellenwert. Hier wird ausschließlich gefeiert, und zwar ohne Standesunterschiede, sei es gesellschaftlich, kulturell, politisch, religiös, die Herkunft oder persönliche Ausstattung betreffend. Ich will der Wiesn keinen religiösen Touch verleihen, aber da gibt es doch ein wichtiges Moment in der Betrachtung, das so manchem Wiesn-Freund nicht bekannt ist.

Ich möchte da einen Vergleich zur Apostelgeschichte des Evangelisten Lukas im Neuen Testament der Bibel ziehen. Das Christentum erwuchs aus einer innerjüdischen Erneuerungsbewegung. Zwischen den Jahren 27 und 30 verkündete ein jüdischer Rabbi aus Nazareth mit dem Namen Jesus und mit großer charismatischer Ausstrahlung: »Die Königsherrschaft Gottes ist nahe« (Markus 1,15). Damit griff er den uralten Traum Israels auf, dass Gott allein – und kein weltlicher Herr – König seines Volkes ist und dass dieser Gott ein liebender, barmherziger Vater ist, der freie Menschen um sich versammeln will.

Der Rabbi Jesus war zwar kein politischer Funktionär, doch seine Botschaft hatte revolutionäre Sprengkraft. Daher sorgte ein kleiner Teil der Jerusalemer Tempelaristokratie in Absprache mit der Besatzungsmacht dafür, dass mit ihm kurzer Prozess gemacht wurde. Der große Aufbruch hin zu einer neuen Zeit wurde zunächst zur Katastrophe und der Traum von einer erneuerten Welt zerplatzte.

Doch dann gab das völlig unerwartete Ereignis der Auferstehung den niedergeschlagenen Anhängern Jesu plötzlich neuen Lebensmut. Sie wagten einen Neuanfang, den die Christenheit traditionell an Pfingsten feiert. Aus dieser neuen Jesusbewegung, die sich auf den Rabbi aus Nazareth berief, und die sich mittlerweile geöffnet hatte für Nichtjuden, entwickelte sich das Christentum.

Von den ersten Christen erzählt die Apostelgeschichte. Das Auffälligste war der Zusammenhalt, den die kleine Urgemeinde der Öffentlichkeit vorlebte. Einer war für den anderen da, sie hatten alles gemeinsam und waren ein Herz und eine Seele. So werden sie beschrieben. Aber das, was sie am meisten von anderen religiösen Gruppen unterschied, war ihre Mahlgemeinschaft. Alle aus den verschiedenen Gruppen der Gesellschaft, gleich welchen Standes, saßen gemeinsam zu Tisch, ob sie nun die heilige Messe feierten und wiederholten, was Jesus im Abendmahlssaal ihnen vormachte, oder zu einem gemeinsamen Sättigungsmahl beisammen waren. Da wurde kein Unterschied mehr gemacht zwischen Herren und Sklaven. Das war das revolutionär Neue in dieser Gemeinschaft.

Ich will es nicht künstlich überhöhen, aber immer wieder kam mir dieses Bild der Mahlgemeinschaft in den Sinn, wenn ich den Blick über »meinen« gefüllten Biergarten schweifen ließ oder mit den Gästen plauderte. Da spürte ich das ganz besondere Lebensgefühl, das auf der Wiesn herrscht. Es ereignen sich berührende Begegnungen, stimmungsvolle Kleinigkeiten und Lebensakzente, die so nur hier zu finden sind. Der Vergleich der »Wiesn-Festgesellschaft« mit dem, was in der Apostelgeschichte geschildert wird, liegt nahe. Warum? Auf der Wiesn gibt es auch keine Standesunterschiede. Dass die Menschen sich im Alltag Firmenhierarchien unterordnen, in denen die einen Aufträge erteilen und die anderen sie ausführen, spielt hier keine Rolle. Arbeitsverträge, Gehorsamkeitsstrukturen, Standesdenken, Autoritätsgehabe, alles Fehlanzeige! Man isst und trinkt gemeinsam, prostet sich zu und ist fröhlich. Der Chef und seine Abteilungsleiter, die Angestellten und Sekretärinnen holen gemeinsam, wie es in einem Lied heißt, »das Lasso raus« und werden zu »Cowboy und Indianer«.

Nein, das hier ist keine heilige Messe, es ist auch keine biblische Festgesellschaft und kein religiöses Spektakel. Hier treffen sich dieselben Menschen, die in ihrem Alltag ihren Aufgaben nachgehen, Sehnsüchte und Wünsche, Ängste und Nöte haben. Sie gehen vielleicht sonntags in den Gottesdienst, bilden dort die spezielle Gottesdienstgemeinschaft und ahnen gar nicht, wie sehr die Tischgemeinschaft auf der Wiesn dieser ähnelt. Aber sie sitzen gemeinsam friedlich am Tisch. Darin liegt eine große Chance für uns als Menschengemeinschaft auf dieser Erde: dass wir uns, ausgehend von solchen einfachen Beobachtungen, auch an solch große

Themen wie Gerechtigkeit und Wohlstand, Frieden und Gemeinschaft für alle heranwagen. Der Mensch ist dazu bestimmt, in einer solch großen Verbundenheit zu leben, zu feiern und glücklich zu sein. Natürlich findet man derartige Gemeinschaft auch bei Sportveranstaltungen, Musikevents und vielen anderen Großereignissen. Aber nirgends ist die Ähnlichkeit zu den Schilderungen aus der Bibel so groß wie beim Oktoberfest.

Natürlich ist das nicht der Grund dafür, dass es unsere Wiesn gibt. Sie ist kein biblisches Spektakel. Wie schon geschrieben, nahm sie ihren Anfang mit der Hochzeit von Prinzregent Ludwig von Bayern, dem späteren König Ludwig I., und Prinzessin Therese von Sachsen-Hildburghausen. Zu ihren Ehren fanden auf der Theresienwiese Pferderennen statt, denen auch die einfachen Bürger beiwohnen durften. Weil das so schön und beeindruckend war, wiederholte man die Veranstaltung Jahr für Jahr. Bald brachten die Leute ihr eigenes Grillgut mit, das in eigens eingerichteten Grillhütten zubereitet wurde. Weil man zum Essen auch etwas zu Trinken brauchte, wurde Bier ausgeschenkt – zunächst in einfachen Holzhütten und später in richtigen Bierpalästen, die die Münchner Brauereien unter sich aufteilten. Der Fernsehmehrteiler »Oktoberfest 1900«, bei dem ich in zwei Szenen als Pfarrer um die Jahrhundertwende mitwirken durfte, hat diese Entwicklung des Oktoberfestes sehr eindrucksvoll ins Bild gebracht.

Im Vergleich zu ihren Anfängen hat die Wiesn sich also ziemlich verändert. Sie ist ein riesiges Geschäft geworden und beschert allen, von der kleinen Bedienung über Geschäftstreibende, Hoteliers, die Lebensmittelindustrie und die Brauereien bis hin zum Stadtsäckel der Stadt München, viel, viel Geld, das niemand missen möchte. Die beiden letzten Jahre haben das deutlich gezeigt. Bei aller Geschäftigkeit und allen Schattenseiten werde ich mir den Blick auf diese Einzigartigkeit menschlichen Zusammenseins und was alles passieren kann, das unser Leben wie in einem Lichtstrahl anleuchtet, niemals nehmen lassen.

SPRACHBARRIEREN UND AUFKLÄRUNG

Die Pfingsterzählung vom berühmten Sprachen-
wunder, das beschreibt, wie alle Versammelten wie
Parther, Meder und Elamiter und viele mehr sich
verstanden, obwohl sie alle in ihrer eigenen Sprache redeten (Apostelgeschichte 2,1–13), trifft dann
auch auf unser Oktoberfest zu. Sei es, dass man einem norddeutschen Gast erklärt, wie man das berühmte »O'zapft is« ausspricht, nachdem diese
Volksgruppe immer ein in bayerischen Ohren nahezu unerträgliches »Oa-zapft« draus macht. Dann
meine ich, es bitte doch gar nicht auszusprechen zu
versuchen und so falsch bayerisch reden zu wollen.
Wir Bayern reden ja auch nicht plattdeutsch.

Auch bei den Bestellungen gilt es immer wieder geschickt Nachhilfe zu leisten. Der Gast beispielswei-
se, der ein »Helles« bestellt, weil er eine Maß will,
muss dringend aufgeklärt werden. Das Oktober-
festbier ist nur und ausschließlich hell! Es wird in
einem speziellen Brauverfahren hergestellt, das
dieses Märzenbier hervorbringt. Sein Alkoholgehalt
von 6 Prozent ist nicht wesentlich höher als bei ei-

nem Normalbier, aber immer noch geringer als beim Starkbier mit 6,5 Prozent. Den Unterschied zum Normalbier macht die höhere Stammwürze aus. Die muss bei allen Oktoberfestbieren bei mindestens 13,5 Prozent liegen. Dieser hohe Anteil macht das Wiesn-Bier so geschmackvoll und gleichzeitig zur Übelkeitsfalle für so manchen unvorsichtigen Genießer oder Kampftrinker. Wer auf der Wiesn ein Bier bestellt, fragt ganz einfach nach einer Maß, das genügt. Aus dem norddeutschen Mund klingt das dann gerne wie »Maas«. Es heißt aber nicht Maas, sondern Maß, und es handelt sich dabei um eine Mengenangabe. Wir gehen auf der Wiesn davon aus, dass es sich bei dem gewünschten Getränk um Bier handeln soll, sind aber jederzeit bereit, den Maßkrug auch mit anderen Inhalten zu befüllen wie Radler, Limo, Wasser oder Spezi. Nur stellt sich natürlich die Frage, welchen kulinarischen Unterhaltungswert letztere Getränke eigentlich haben und wieso sie auch den Vorzug bekommen, in einem Maßkrug ausgeschenkt zu werden. Spätestens ab diesem Punkt wird der Gast aus Norddeutschland abwinken und mich nur noch auffordern, ihm doch endlich sein Getränk zu bringen, nachdem ich doch genau wüsste, was er will. Beim Servieren kann man noch auf den entscheidenden Mengenunterschied hinweisen, mit dem man hier bei uns und in Norddeutschland Bier konsumiert, salopp ausgedrückt: dort in Zahnbechern und Reagenzgläsern (0,2–0,3 l) und bei uns in Fußwannen, genannt Maßkrug. Gerne bin ich am Ende auch noch behilflich in der Einweisung, wie man nun einen solchen Maßkrug eigentlich richtig in den Händen hält, indem man ihn nämlich nicht mit beiden Händen umfasst – das ist dann noch eher zierlichen Damenhänden gestattet, aber nicht den Herren der Schöpfung. Die müssen den Krug schon mit einer Hand beim Henkel nehmen. Dann ist es aber schon genug mit der völkerumspannenden Verständigung und ich überlasse den Norddeutschen für ein paar Stunden freiwillig bayerischen Boden auf unserer Wiesn.

Besagte hohe Stammwürze verträgt erfahrungsgemäß nicht jeder Mensch. Daher ist beim Genuss dieses Bieres Vorsicht geboten. Wir Bedienungen trinken während der Arbeit selbstverständlich nichts davon, denn das häufige Aufsuchen der

WC-Anlagen durch eine vermehrte Stoffwechsel-tätigkeit des Körpers ist dem Geschäft sehr abträglich. Überhaupt leben und ernähren sich Bedienungen auf dem Oktoberfest eher gesund. Man isst ballaststoffreiches Müsli, Obst und leicht verdauliche Speisen – nicht zu fett und nicht zu schwer. Man bewegt sich viel und es fällt leicht, in diesen beiden Wochen einige Kilos zu verlieren. Das Geld fürs Fitnessstudio jedenfalls spart man sich.

Gefährlich wird es aber für die Gäste, die sich zu viel von dem guten Bier zumuten. Dann gerät der Wiesn-Besuch schnell in eine Schieflage und junge Menschen in schicker Tracht und mit bleichem Antlitz lehnen schon am Morgen an der Außenwand des Bierzeltes. Wir Bedienungen wissen natürlich, dass in diesen Fällen eine Eruption des Mageninhaltes kurz bevorsteht. Natürlich sind diese Alkoholunfälle und die »Bierleichen«, die die Sanitäter in ihren »Banane« genannten gelben Fahrtragen zur Erste-Hilfe-Station bringen müssen oder die am westlichen Festgelände auf dem »Rauschhügel« enden, etwas sehr Unangenehmes. Sie vermitteln ein sehr einseitiges Bild dieses stolzen

Volksfestes. Doch die meisten Menschen kommen natürlich nicht deshalb auf die Wiesn. Es passiert ihnen, weil es bei allen Veranstaltungen, bei denen Alkohol ausgeschenkt wird, passieren kann – ob in Fußballstadien, bei Musikkonzerten oder Freizeitveranstaltungen. Der Zuruf des Oberbürgermeisters beim Anzapfen »auf eine friedliche Wiesn« bezieht sich deshalb auch auf das Benehmen jedes einzelnen Gastes. Es ist schade, dass durch das Verhalten einzelner ein ganzes Fest und seine Geschichte uminterpretiert wird. Die Wiesn ist kein Massenbesäufnis oder »Intersuff«, wie Spötter sie nennen.

Die Menschen kommen aus aller Herren Länder und gerade die Begegnung mit ihnen ist es, was das Fest ausmacht. Sie lässt etwas erahnen von der Überwindung der Sprachbarrieren am hochheiligen Pfingstfest. Die Italiener, die die Wiesn am mittleren Wochenende ja gerne in Scharen aufsuchen, bezeichnen das Oktoberfest zwar gerne als »festa della birra« und sind meist weniger an den übrigen Angeboten auf dem Festplatz interessiert, dennoch kommt es zur Völkerverständigung, wenn man mit flügelschlagenden Armbewegungen und lauten »pollo, pollo« Rufen erklärt bekommt, dass der Gast gerne ein Hendl haben möchte. Meine Lehre aus diesen Begegnungen: Als Bedienung hast du nur eine begrenzte Verpflichtung zur kulturellen Aufklärung des Gastes, stehst aber jederzeit bereit, wenn diese gewünscht wird. Vor allem aber gilt es, nie die Augen vor den verborgenen kleinen Wundern, wie am Pfingsttag beschrieben, zu verschließen.

WER IST DER BAPP?

Seit 1996 findet alle vier Jahre zeitgleich zur ersten Woche des Oktoberfests auf dem Gelände der Theresienwiese auch das Zentrale Landwirtschaftsfest (ZLF) statt. Zum ersten Mal namentlich erwähnt wurde es als »Centrallandwirtschaftsfest« schon 1812. Zwei Jahre zuvor wurden ja im Rahmen der Hochzeitsfeierlichkeiten von Kronprinz Ludwig und Therese von Sachsen-Hildburghausen Pferderennen veranstaltet, die dann als großes »National-fest« wiederholt und um einen Viehmarkt und Viehprämierungen erweitert wurden. Das Oktoberfest war geboren und die landwirtschaftliche Ausstellungsschau begleitet es seither regelmäßig. Die etwas spöttische Bezeichnung »Bauernolympiade« für das ZLF ist für die Zusammenführung von städtischer und ländlicher Kultur natürlich wenig förderlich. Die Verantwortlichen der Wiesn und wir Bedienungen haben die vermehrte Zahl der Gäste aus dem Bereich der Landwirtschaft jedenfalls immer sehr geschätzt und respektiert. Es macht schon etwas her, wenn man einen Tisch gestandener Bauern und ihre Ehefrauen bedienen durfte. Dabei kam es natürlich auch zu manchen ersten Sprachhürden, die überwunden werden wollten, aber meine bayerische Aussprache, für die ich heute noch meinen Eltern unendlich dankbar bin, hat mir sehr schnell weitergeholfen.

Es gab allerdings auch Ausdrücke, die mir fremd waren. Jedenfalls wusste ich, als ich einen Tisch voll besetzt mit gewichtigen Bauern aus Niederbayern zusammen mit ihren Frauen vorfand, nicht, was deren Sprecher meinte, als er mich fragte: »Host an Foida a?«. Erst seine zu seinem Mund weisenden Handbewegungen ließen mich erraten, dass er wohl das Essen meinte, und ich reichte ihm die Speisekarte.

Meine erste Lektion jedoch erhielt ich schon bei der Getränkebestellung davor, als die Herren nur für sich bestellten und ich nachfragte, was denn die angetrauten Damen gerne trinken würden. Der Sprecher klärte mich unmissverständlich auf: »Des muaßt da merka: De Oid sauft mit!« – »Die Alte säuft mit«. Das klingt jetzt ziemlich martialisch, aber ich denke, wir sollten da nicht vorschnell urteilen. Ich bin überzeugt, in ihrer ganz privaten Beziehung haben sie das notwendige Kräfteverhältnis schon ausreichend ausgeglichen. Außerdem klingt es nach einem guten Kompromiss: Eine ganze Maß ist den Damen ohnehin zu viel, Wiesn-Bier aber gibt's nur in dieser Größenordnung und verzichten möchten sie jetzt auch nicht auf dieses edle Gebräu. Was bietet sich da also mehr an, als beim eigenen Gatten mitzutrinken?

Bekanntlich ist es nicht erlaubt, mit einem Hund an der Leine über das Oktoberfest zu gehen. Was aber tun, wenn man sein kleines Hündchen immer bei sich haben will, weil es nicht allein zu Hause bleibt? So besuchte uns im vorderen Garten stets eine ältere Dame mit ihrem kleinen Hündchen, das sie ordnungsgemäß und erlaubterweise in einem Kinderwagen für Kleinkinder vor sich herschob. Der Hund war ein dackelgroßes Tier ohne erkennbare Rasse – vielleicht von der Straße gerettet oder aus einem Tierheim. Die Dame kam immer zur Mittags-Wiesn, bestellte ihre Radlermaß und ein halbes Hendl, das sie gerecht mit ihrem Hund teilte. Das war ihr Wiesn-Ritual und Luxus in einem.

Es war wieder ZLF-Zeit und ihr schräg gegenüber saß allein vor seiner Maß dahinsinnierend ein stämmiger Mann im Trachtenjanker – ganz sicher ein Besucher des ZLF. Genüsslich zog er ab und an an seinem ziemlich krummen Zigarillo, ohne dass er es auch nur einmal vom Mund entfernte. Immer kritischer wurden seine Blicke, als er die Frau mit ihrem Hund im Kinderwagen dabei beobachtete, wie sie Stücke ihres Hendls verfütterte. Ich spürte, dass der Landmann das so einfach nicht verstehen konnte und hatte Sorge, die Situation könnte außer Kontrolle geraten. Was sollte ich tun gegen diesen

Mann, wenn er die Frau anging? Sollte ich die Security rufen oder darum bitten, dass er sich woanders hinsetzte?

Langsam stand der Hüne auf, ging zu der Frau hinüber, stützte sich mit der linken Hand ein wenig auf dem Tisch ab und sah sie scharf an. Er deutete auf das Hündchen im Kinderwagen und fragte in tiefstem bayerischem Slang: »Sog amoi, wer is denn jetzt do der Bapp?« Die alte Dame reagierte ebenso selbstsicher und andeutend, dass sie an keinem Gespräch interessiert war: »Der? Der ist scho lang g'storben.«

Etwas verdutzt, aber doch irgendwie befriedigt in seiner Neugier setzte sich der Mann wieder an seinem Platz nieder und machte da weiter, wo er vor seiner Frage aufgehört hatte. Verstehen Sie, warum ich der Wiesn eine so große Liebeserklärung mache?

A MASS, A HENDL UND A TAUFE

Die Kunde, dass im Schottenhamel-Biergarten ein leibhaftiger Pfarrer bediente, sprach sich schnell auch außerhalb der Wiesn herum. Die Medien waren eigentlich immer präsent. Bei den Bedienungen hieß es, wenn sie nach dem »berühmten Wiesn-Pfarrer« gefragt wurden, bald: »Schaun S' einfach, wo das Fernsehteam is‹!« Alle möglichen TV- und Radio-Teams wollten Interviews und O-Töne mit mir, filmten beim Holen der Speisen und Getränke und beim Bedienen und Abkassieren am Tisch. Mehrere Jahre lang durfte ich für die Abendzeitung München einen täglichen Blog von der Wiesn schreiben und für das Bayerische Fernsehen ein tägliches »Wort zur Wiesn« aufnehmen. Das war natürlich der Hingucker und hat mich erst so richtig bekannt gemacht. Selbst ausländische Sender aus Australien, Italien, Tschechien und Spanien kamen. Ob ein solches Team mich drehen und mit mir sprechen durfte, hat aber immer die Festzeltleitung gemeinsam mit mir entschieden, wofür ich sehr dankbar war. Dadurch konnte man etwas vorsortieren. Natürlich waren die Fragen immer wieder dieselben, aber es gehörte eben auch zu meinem Job, diese so unermüdlich wie möglich zu beantworten.

Der Pfarrer auf der Wiesn jedenfalls wurde so allen bekannt gemacht, was auch Bittsteller anderer Art in meinen Service brachte. Einmal nahm ich eine Bestellung von einem Mann Anfang 40 entgegen. Diese war zu meiner Überraschung ziemlich prägnant: »Bitteschön, Herr Pfarrer, ich bräucht eine Maß, ein halbes Hendl und a Brezn und, wenn's ginge, eine Taufe!« Da war ich natürlich baff. Nach kurzem Zögern antwortete ich ihm nur: »Bier und Hendl gibt's sofort, über die Taufe reden wir gern danach; nur eines sage ich Ihnen gleich: Hier heraussen bediene ich nur, getauft wird in der Kirche!« Er nickte kurz und ich verschwand, um Bier und Hendl zu besorgen.

An der Stelle sei auch kurz erklärt, wie das funktioniert. Für das Bier kauft die Bedienung vorab Plastikbierzeichen, die zu jeweils 50 Stück in einem Plastikglasröhrchen an einer kleinen Luke beim Festwirtsbüro ausgegeben werden. Diese Kunststoffchips trägt man dann in einem kleinen Behältnis am Gürtel bei sich. Bei einem Bruttobierpreis von ca. 10 Euro kann man sich ausrechnen, was diese 50 Marken für einen Wert haben. Man tat also gut daran, immer gut auf sie aufzupassen. Sie sind sehr leicht, da fällt schnell eine auf den Boden. Ein Gast kann sich zwar mit der Marke selbst kein Bier besorgen, trotzdem ist das Geld dann weg. Außerdem gilt es, immer gut zu kalkulieren, dass man nie zu wenige Chips bei sich hat. Wenn man plötzlich einen vollen Tisch vor sich hat, kann man sich vielleicht beim Kollegen mal ein oder zwei Marken ausleihen, aber auch der muss später zur Zeichenkasse und sich neue Chips besorgen. Da stehen aber oft gleich 50 Bedienungen Schlange und draußen im Garten ist der Teufel los.

Solche Stressmomente belasten unglaublich und mindern die Freude an der Arbeit. Also gilt es, die Stoßzeiten zu meiden. Die Zeichenkasse ist nur ein kleines DIN A4 großes Guckloch, ähnlich wie in einer Peepshow in den Sexboutiquen der 70er- und 80er-Jahren. Dahinter sitzt ein Mitarbeiter, der in Windeseile das von der Bedienung sorgfältig ausgefaltete Geld übernimmt, per Hand vorzählt und dann die Röhrchen durch das Guckloch zurückschiebt. Man steht dabei abseits vom Zeltgang in einem für Gäste gesperrten kleineren Gang. Der ideale Ort, um sich beim Warten mit den Kollegen auszutauschen. Stand man schließlich vor dem Guckloch, erinnerte mich die Situation immer auch ein wenig an eine Methadonausgabestelle, wie man sie manchmal in Arztpraxen sehen kann. Statt der Ersatzdroge gibt es bei uns eben die Biermarken im Plastikröhrchen, die man sofort umpackt, um dann das leere Röhrchen zurückzureichen. Was wäre das für ein Verschleiß, wenn man sie mitnähme und wegwürfe. Gerade diese kleinen Schritte, die helfen, unsere Wiesn ökologischer aufzustellen, spielen Gott sei Dank eine ständig größer werdende Rolle.

Zurückgekommen an den Tisch meines Gastes stellte ich alles bei ihm ab und er bezahlte auch gleich. Das ist übrigens fast immer so auf der Wiesn. Nur geschlossene Gruppen bekommen am Ende eine Gesamtrechnung von der Bedienung. Zu schnell und zu oft würde man das Abkassieren im

Vollbetrieb sonst vergessen und wäre am Ende selbst der Geschädigte. Jedenfalls habe ich mich immer für die Ehrlichkeit bedankt, wenn sich die Gäste selbst zum Bezahlen meldeten oder mich auf einen Rechenfehler hinwiesen. Niemals wäre es auch in unserem Sinne gewesen, den Gast nicht darauf aufmerksam zu machen, wenn er aus Versehen zu seinem Schaden gezahlt hätte. Diese Grundehrlichkeit haben beide verdient, Gast und Bedienung.

Als etwas Zeit war, wollte ich doch von dem Gast wissen, was es mit seiner Taufbitte auf sich hatte. Wir führten, weil es eine ruhige Mittags-Wiesn war, ein sehr ausführliches seelsorgliches Beratungsgespräch. Er und seine Frau waren aus der Kirche ausgetreten, wollten ihr Kind aber dennoch taufen lassen – und der eigene Pfarrer machte es nicht. »Machen Sie das für unser Kind?«, so seine Frage an mich. Natürlich hatte das Kind, wie jeder Mensch, ein Recht auf die Taufe. Niemand durfte ihm das verwehren und wir prüften, ob und wie es schon getauft werden konnte – zum Beispiel, wenn es einen Paten gäbe, der nicht aus der Kirche ausgetreten war. Nach der Wiesn rief der Mann bei uns an und wir vereinbarten einen Termin. Das Kind wurde getauft und die Eltern sind auch wieder in die Kirche eingetreten.

Kritiker meines Wiesn-Dienstes haben mir vorgeworfen, ich würde mein priesterliches Amt unter Wert verkaufen. Manchmal hatte ich tatsächlich Zweifel, ob ich das Richtige tue. Die Begegnung mit diesem Mann war aber der beste Beweis dafür, dass es sich lohnte. Außerdem erinnerte sie mich an eine Geschichte, in der ein kleiner Junge am Strand die nach einem heftigen Sturm angespülten Seepferdchen zurück ins Wasser brachte, damit sie nicht verendeten. Es kam ein Mann vorbei und fragte ihn, was das solle. Es seien doch so viele Seepferdchen, die hier herumlägen, das schaffe er nie! Der Junge aber hob vorsichtig ein Seepferdchen auf, brachte es ins Wasser zurück, wandte sich dem Mann zu und sagte zu ihm, indem er auf das Meer zeigte: »Ihm bringt's etwas. Das genügt!«

Während der berüchtigten »Terror-Wiesn« im Jahre 2008, als man zur Halbzeit wegen erhöhter Terrorgefahr die Zugänge zu den Biergärten und in die

Zelte absperrte und kontrollierte, kamen ein paar Bedienungen aus dem Zelt und fragten mich, ob es denn möglich sei, einmal an einem Vormittag, bevor das Geschäft richtig losging, ein paar Andachtsgegenstände und Rosenkränze, die sie mitbrächten, zu weihen. Sie vertrauten mir bei der Gelegenheit auch an, dass sie Angst hätten vor einem Terroranschlag. Sie hätten Mann und Kinder daheim, was wäre denn, wenn wirklich etwas passieren würde. Sie kamen mit ihren Wünschen und Ängsten zu mir, ihrem eigenen Zelt-Pfarrer, der ich mittlerweile war.

Gleich am nächsten Tag trafen wir uns um 10 Uhr auf dem Balkon im Zelt – noch bevor die Blasmusik zu spielen begann und wir nichts mehr verstehen würden. Wir waren ungefähr 15 Bedienungen! Da sind sonntags in manch Münchner Kirche nicht mehr Leute. Wir segneten die persönlichen Devotionalien, Anhänger, Mitbringsel und Bilder der Familie. Ich habe extra Weihwasser mitgebracht und alles gut besprengt. Dann beteten wir ein gemeinsames Vater-Unser und ich segnete sie alle noch einmal. Sogar eine Strophe des »Te Deum« haben wir miteinander gesungen, dass es bis ins sich füllende Zelt hallte. Am Ende zeigte ich ihnen mein kleines Büchslein mit dem heiligen Krankenöl, das man bei der Letzten Ölung zur Salbung eines Sterbenden verwendet, wenn man als Priester über ihn betet. Das hätte ich immer bei mir, erzählte ich, beim Auto- und Motorradfahren, beim Bergsteigen und auf Reisen – weil man ja nie weiß, was passiert und ob man nicht vielleicht einen Sterbenden oder Verunglückten antrifft und ihn begleiten soll. »Und auch hier bei uns heraussen habe ich es immer dabei. Es gibt mir Kraft und lässt mich in Ruhe meine Arbeit machen. Das wünsche ich auch euch!«, fügte ich hinzu. Dann ging jeder gestärkt an seine Arbeit.

Diese Aktion kam von unten. Es war ein Gottesdienst, den Laien, wie kirchlich oder nicht-kirchlich sie auch immer sein mochten, sich gewünscht hatten. Und er war nur möglich, weil sie und ich vor Ort waren. So geht Kirche!

GIB MIR A GABEL

»Was heißt eigentlich dieses INRI auf dem Kreuz Jesu?«, fragte mich einmal am Küchenpass ein Kollege. »Jesus von Nazareth, der König der Juden«, antwortete ich ihm, als wären wir gerade im Religionsunterricht in der Schule. Dieser Mensch nutzte einfach die Situation, jetzt, wo er mit mir auf das Essen wartete, damit er mir eine Frage stellen konnte, die er sich vielleicht nirgendwo anders hätte zu stellen trauen. Man könnte sich ja blamieren. Oder rennt man da gleich in die Pfarrei zum Pfarrer, um ihn das zu fragen? Niemals! Bei mir hat er sich getraut, er hat mir vertraut. Durch unsere Arbeit waren wir auf einem gemeinsamen Niveau angekommen. Das hat ihm den Mut gegeben, die Frage zu stellen im Wissen, dass er dafür keine Abfuhr oder einen dummen Spruch ernten würde. Wieder einmal ein Beweis dafür, wie wichtig meine Gegenwart auch als Kirchenmann hier ist.

In die Runde in unserem nur für Bedienungen abgetrennten kleinen Abteil neben dem Biergarten, wo auch die Mülltonnen und die Behältnisse für das gebrauchte Geschirr standen, trat kurz vor Schankschluss einmal ein stämmiger Mann und bat um eine Gabel. Er wirkte nicht betrunken, hatte aber wohl so einige Maß intus. Seine Stimme krächzte, man merkte, er kam aus dem Zelt heraus, wo es anstrengend ist, sich inmitten des Lärms zu unterhalten. Vielleicht hatte er ja auch fest mitgesungen.

Sofort wollte ihm mein Kollege eine frische Gabel geben. Der Kunde ist nun mal König! Aber die Reaktion war unerwartet für uns alle: »Nein! Gib mir eine gebrauchte Gabel!«, forderte der Mann. »Aber das macht nichts«, probierte es der Kollege noch einmal, »du kannst gerne eine frische haben! Was willst du denn mit der fettigen Gabel eines fremden Benutzers? Das ist doch eklig!« Der Gast ließ nicht locker. »Bitte, gib mir eine gebrauchte Gabel!«, bettelte er fast schon. Na gut, nur dass wir wieder unsere Ruhe hatten, reichte ihm einer von uns eine schmalzige Gabel aus dem Besteckeimer. Was dann passierte, gehört wirklich in die Kategorie »Wiesn-Originale«. Der Mann nahm die Gabel mit einem kurzen »Dank dir schön« an, hielt sie fest am Stiel und begann zu unser aller Erstaunen sich damit gefühlvoll seine Haare zu kämmen! Mit offenen Mündern schauten wir zu und wussten nicht, was wir sagen sollten. Nachdem er fertig war, gab er meinem verdutzten Kollegen die Gabel zurück und stellte fest, indem er sich über den Kopf strich: »So, jetzt halten sie wieder!« Drehte sich um und ging zurück ins Zelt, um weiterzufeiern. Das ist die unvergleichliche Wiesn, wie sie leibt und lebt.

WACHTELEIER STATT HALBER ENTE

Zu den Schattenseiten einer solchen Veranstaltung gehört sicherlich der viel zu oberflächliche Umgang vieler Gäste mit den Lebensmitteln – gerade angesichts des weltweiten Hungers, der in so vielen Ländern herrscht. Wer aus diesem Blickwinkel das Oktoberfest betrachtet, kommt schnell an seine Grenzen. Essen und Trinken sind teuer, ja, natürlich. Das kann man vertreten, immerhin ist alles mit immensen Kosten verbunden und das Oktoberfest hat nun mal Alleinstellungsmerkmal. Ich zahle nicht nur

für Bier und Hendl, das gibt's überall, am Straßen-
rand, in Möbelhäusern und in Gaststätten. Hier aber
sind wir auf der Wiesn. Hier zahlt man das Ambiente
mit und wer die Wiesn schätzt, schaut da auch nicht
sofort auf die Preise, schimpft auf die teuren Wirte
oder geht gleich die Bedienung an mit solchen Sprü-
chen wie: »Ihr seid aber wieder teuer geworden!«
Man berichtet, dass eine alte Wiesn-Bedienung aus
einem anderen Zelt einem knauserigen norddeutschen Gast daraufhin einmal entgegenschleuderte:
»Ja, du Geizkragen! Du hast ja schon gar nichts hier
auf der Wiesn verloren! Du und deine vorgetäuschte
Armut! Deine 20 Cent Trinkgeld kannst dir auch be-
halten, ich hab dich beim Z'ammschreiben (also: Zu-
sammenrechnen der Zeche) schon b'schiss'n!«

Gerade weil Essen und Trinken – und alles andere
auch – auf der Wiesn so teuer sind, müsste ein ver-
antwortungsvoller Umgang mit den Lebensmitteln
doch selbstverständlich sein – vor allem auch angesichts der Menschen überall auf der Welt, die abends
nicht wissen, wie sie am nächsten Tag weiterleben
können. Wie wir hier feiern, liegt in unserer Verantwortung. Eigentum verpflichtet, steht in unserem

Grundgesetz und schon als Kinder mussten wir zu Hause aufessen, was auf dem Teller war. Niemals hätte man Essen vernichtet oder weggeworfen. Auch das Tischgebet, das bei uns immer verrichtet wurde, erinnerte uns an diese Verantwortung.

Geprägt von dieser Erziehung hatte ich große Probleme, mit ansehen zu müssen, wie feinste Lebensmittel vernichtet wurden, zum Beispiel, wenn Teller nicht leergegessen wurden. Natürlich hatte ich nicht das Recht, die Gäste auf ihr Fehlverhalten hinzuweisen, wenn ich wieder einmal bergeweise halbvolle Teller abräumen musste. Nur einmal war es mir doch zu viel.

Eine feine junge Dame bestellte bei mir eines unserer besten Gerichte: Eine Viertel Ente mit Knödeln, Krautsalat und dunkler Soße. Dazu sollte ich ihr noch eine große Brezn bringen. Voller Freude über die gute Bestellung, die auch mir etwas bescherte, besorgte ich alles. Es war noch früh am Mittag und am Küchenpass war nicht viel los. Schnell noch eine Brezn bei der Breznfrau mitgenommen und schon konnte der Gast es sich gutgehen lassen.

Nach einiger Zeit bemerkte ich allerdings, dass die junge Dame nur sehr zögerlich in ihrem Essen herumstocherte und kaum etwas zu sich nahm. Ich ging auf sie zu und erkundigte mich, ob alles passte. »Ja, ja«, antwortete sie, »ich hab nur nicht so viel Hunger!« Mir schwoll der Kamm, ich wurde wütend und traurig zugleich. »Ja, aber warum bestellen Sie denn dann gleich so viel Essen?«, fragte ich aufgebracht. »Da hätten's a paar Wachteleier doch auch getan, oder?« Mir war klar, es konnte meinen sofortigen Rauswurf durch den Festwirt bedeuten, wenn ich einen Gast so anging, aber das war es mir in dem Moment wert.

Die Dame kümmerte sich jedoch überhaupt nicht um mich und meinen Einwand. Als sie mit ihrer Begleitung den Biergarten verlassen hatte, räumte ich den fast unberührten Teller und die nur etwas angebrochene Brezn ab und kippte alles in die Speisemülltonne. Das ist Vorschrift, das Lebensmittelgesetz will es so. Eine Mahlzeit für sich oder andere aufzuheben ist nicht erlaubt. Während ich immer noch wütend alles in die Tonne kippte und mir dachte, dass dafür ein Tier sterben musste, trat ein Kollege an mich heran, der während des Winters von seinen Wiesn-Einnahmen bei Indios in Südamerika lebt. Er schaute mit mir in die Tonne und sagte leise: »In unserem Dorf würden jetzt zehn Leute um diesen einen Teller herumsitzen und ein Fest feiern!« Ich wusste, ich konnte nichts dafür, aber ich habe mich doch in diesem Moment unglaublich geschämt!

Die Wiesn bot allerdings immer wieder auch Gelegenheiten, Menschen zu helfen. Nicht nur die, die es sich leisten konnten, waren bei uns heraussen, es kamen auch die, die versuchten etwas von dem zu ergattern, was andere wegwarfen. Am geschicktesten waren da natürlich die Flaschensammler. Auch zu uns in den Service kamen sie und holten sich die Pfandflaschen ab, die die Gäste von der Straße mitbrachten und bei uns stehenließen. Wieder eine Win-Win-Situation – der Sammler bekam Geld und wir hatten Platz. Manche der Sammler waren so geschickt, dass sie in der Nähe Zwischenlager anlegten und die gesammelten Flaschen erst später zum Händler brachten. Da kam viel zusammen!

Eines Abends, als es schon sehr ruhig war, kam aber ein Mensch, der keine Kraft mehr hatte, Flaschen zu sammeln. Es war ein Obdachloser, ungepflegt, unangenehm riechend und heruntergekommen. Wir ließen ihn eine Weile in unserem kleinen Refugium ausruhen, wo er sein Bier trinken konnte. Wir wussten, dass er sich an den Tischen, an denen keine Gäste mehr waren und nur nicht ganz geleerte Krüge standen, einen Krug halb voll gemacht hatte.

Wir selbst durften ihn bei uns im Servicebereich nicht bedienen, sonst hätten wir ihm natürlich eine frische Maß ausgegeben, aber eine solche Gestalt wie er hätte nicht lange im Biergarten sitzen können, kein anderer Gast hätte seinen Geruch akzeptiert. Die Security wäre bald dagewesen und hätte ihn entfernt. Also saß er ein wenig bei uns, trank aus seinem zusammengeschütteten Bierkrug und lächelte.

Da fiel mir ein, dass ich ihm etwas von meiner Brotzeit geben konnte, das war ja erlaubt! Flugs packte ich mein Vollkornbrot aus und wollte es ihm geben. Er aber schüttelte den Kopf, zeigte auf seinen halb leeren Maßkrug zusammengeschütteten Bieres und sagte: »Des muaß für mi genügen!« Und da war es schon wieder, dieses furchtbare Schamgefühl, auch wenn ich direkt nichts dafürkonnte. Die Reaktion dieses Mannes werde ich nie vergessen. Sie steht für diese andere, die arme Wiesn. Die Wiesn mit ihren Schattenseiten und dunklen Ecken. Das sind nicht nur Schlägereien und die Gewalt, die es auch gibt – Diebstahl und Verletzungen, Streit und Liebesdramen. Es ist auch und vor allem die blanke Armut, die neben einem solchen Fest teurer Preise erst richtig auffällt. Das ist die Wiesn, die einfach auch wehtut.

300 EURO FÜR EIN BIER UND DIE SPENDEN

Es soll Leute geben, die sogar auf den Jahresurlaub verzichten, um während der Wiesn möglichst ausgiebig und täglich hier heraussen feiern zu können. Die große Mehrheit kommt jedoch gepflegt ein paar Mal und lässt es sich gut gehen. Dass ein Wiesn-

Besuch teuer ist, vor allem, wenn neben Essen und Trinken auch andere Vergnügungen anstehen, versteht sich von selbst. Eine vierköpfige Familie lässt da schnell ein paar hundert Euro heraussen.

Von Anfang an stand fest, dass ich nicht wegen des Verdienstes hier arbeite. Ich bin ein gut bestellter Pfarrer und verdiene genug. Dennoch bekomme ich natürlich Geld – aber nicht für mich, sondern für andere. 2006, kurz vor meiner ersten Wiesn, las ich ein Buch über Lotti Latrous, eine Schweizerin, die ihr Leben völlig umgekrempelt hat. In Abidjan an der Elfenbeinküste, wo sie mit ihrer Familie gut situiert lebte, begann die gelernte Krankenpflegerin im benachbarten Slum eine Erste-Hilfe-Station aufzubauen. In einem selbst organisierten Container versorgte sie die Kranken. Außerdem klärte sie junge Mädchen zum Thema »Safer Sex« auf, um zu frühe Schwangerschaften und vor allem die Ansteckung mit HIV zu vermeiden. Ihr »Zentrum der Hoffnung« wuchs schnell und es kamen ein richtiges kleines Krankenhaus und ein Sterbehaus für die Ärmsten der Armen hinzu, die sie auf der Straße aufsammelte, damit sie in einem sauberen Bett sterben konnten. Darunter waren auch viele Mütter, deren Kinder als Waisen zurückblieben. Also baute sie auch noch ein Waisenhaus auf und lebte von da an nur noch bei »ihrer« neuen Familie, während sie von ihrer eigenen mit Mann und drei erwachsenen Kindern in allem tatkräftig unterstützt wurde. Als ich ihr Buch las, wusste ich, für wen ich arbeiten wollte. Ich schrieb ihr eine Mail, stellte mich vor und bot an, ihr mit meinem Gewinn aus diesen Wiesn-Tagen bei ihrer Arbeit zu helfen. Tags darauf kam eine Antwort von ihr. Sie schrieb, dass sie das einfach nicht glauben könne, und fragte, ob das ein Scherz sei. Seitdem sind wir sehr freundschaftlich verbunden. All die Jahre habe ich sie mit meinen Erlösen bei vielen Projekten unterstützen können.

In den Jahren 2015 bis 2018 konzentrierte ich mich dann darauf, die »Orienthelfer« meines Freundes, des Kabarettisten Christian Springer, zu unterstützen, angeregt natürlich durch die furchtbare Flüchtlingskrise, die durch den von Russland angefeuerten Syrienkrieg ausbrach.

Bedienungen und Gäste wussten also Bescheid: Der Pfarrer arbeitet für einen guten Zweck. Jedes

Jahr haben mir Gäste, aber auch die Bedienungen, am letzten Tag noch großzügig einen Schein zugesteckt. Meine liebe Kollegin Inge Lorenz, die langjährige Bedienung mit der Nummer 2 im Mittelschiff des Schottenhamel-Zeltes, veranstaltete dann immer eine regelrechte Sammlung unter den Mitarbeitern. Die Briefumschläge mit dem Geld darin, die Gäste anderer Bedienungen gaben, weil sie mich persönlich nicht vorfanden, waren auch schon legendär im ganzen Zelt. Alle haben mitgemacht und die ihnen übergebenen Umschläge bei mir abgeliefert.

Die humorvollste Spende brachte mir aber eines Tages ein älterer Herr. Er steckte mir einen Umschlag zu mit den Worten: »Der Arzt hat mir nach drei Herzinfarkten verboten, noch Bier zu trinken – schon gar kein Wiesn-Bier. Aber vom Spenden hat er nix gesagt!«

Im Umschlag war eine sehr hohe Summe und auch diesmal war ich beschämt – aber diesmal glücklich beschämt. Das ist halt auch meine Wiesn.

5

AUSSTIEG UND NEUBEGINN –
GANZ OBEN AUF DER GALERIE

Um es gleich vorwegzunehmen: Nein, es ist keine Schande, wenn man im Leben Entscheidungen fällt, die auch das Ende für einen Weg, den man bis dahin gegangen ist, bedeuten können. Das können wirklich sehr schwerwiegende Momente im Leben sein. Man mag darüber lächeln, aber eine eingefleischte Wiesn-Bedienung macht es sich nicht leicht, wenn es um die Frage geht: Nächstes Jahr weitermachen oder nicht?

Jeder Mensch habe »das Recht ein anderer zu sein«: Diese Lebensweisheit Dorothee Sölles ist mir in meiner beruflichen Laufbahn in der Kirche immer sehr wichtig gewesen. Warum also nicht auch auf dem Oktoberfest und meiner Berufung dorthin?

Wie war das mit Peter Schottenhamels Welle? Irgendwann kommt sie am Strand an. Dann ist der Höhepunkt vorbei. Nie hätte ich in den Jahren zuvor daran gedacht, dass mir als »Wiesn-verliebter« Bedienung einmal der Gedanke ans Aufhören käme! Aber das Leben lebt sich selbst. 2012 wusste ich, dass dies meine letzte Wiesn als Bedienung sein würde. Ich spürte es ganz einfach. Aberglaube an das verflixte 7. Jahr – es war meine siebte Wiesn! – spielte dabei keine Rolle. Auch war es keine Unzufriedenheit mit der Wiesn selbst, die mich zu diesem Schritt bewogen hat. Das Feuer, das ich sonst immer in mir hatte, war nicht mehr da. Die Welle war am Strand angekommen. Nicht, dass ich absolut die Freude verloren hätte! Auch die Liebe zur Wiesn hatte ich nicht verloren. Manchmal hat man aber einfach mehr vom anderen, wenn man nicht alles von ihm bekommen kann! Ich jedenfalls spürte ganz tief in mir, dass ich meine Wiesn nun loslassen musste.

Es bewegt mich bis heute, was dieses »Bedienen-Dürfen« aus mir gemacht hat, wenn ich daran denke, wie man beladen mit 14 Maß Bier und einem Schlitten voller Essen zu seinem Service ging und die Menschen sich freuen. Wenn dir buchstäblich das Leben ins Gesicht springt.

Meinen Dienst für meine letzte Wiesn trat ich wie gewohnt an. Alles war wie gehabt: die Einschreibung, das Wiedersehen und der Start am Anstichtag. Noch hatte ich niemandem davon erzählt, dass dies meine letzte Wiesn werden sollte. Wäre es vor dem letzten Wiesn-Tag publik geworden, wäre es 14 Tage lang das Dauerthema gewesen. Also machte ich meinen Bedienungsjob wie in den vergangenen sechs Jahren, ohne dass irgendjemand mir etwas anmerkte.

Nur einmal erschrak ich kurz. Mit meinem Gartenkollegen Patrick stand ich unbeschäftigt am Servicestand und wir ließen unsere Blicke über den Biergarten schweifen. Wir sprachen kein Wort, schauten nur dem Treiben zu. Es ging bereits nachmittags hoch her. Viele ausländische Gäste aus Italien, Spanien und Peru feierten lautstark und manche »exten« auch verbotenerweise ihr Bier. Sie tranken den ganzen Krug in einem Zug leer, standen dabei auf der Bank und schwenkten am Ende den leeren Krug wie eine gewonnene Trophäe in der Luft, während die anderen Gäste sie anfeuerten und wild johlten. Für uns Bedienungen war das ein Ritual, das einfach nicht hierhergehörte. Die Security kam und entfernte diese Gäste, eben weil es verboten war, die Maß derart sinn- und hirnlos zu leeren und dieses Fest so zu einem Treffen durchgeknallter Kampftrinker ausarten zu lassen. Außerdem war es gefährlich. So mancher überschätzt sich, stürzt entweder von der Bank oder bekommt massive Kreislaufprobleme. Wir Bedienungen mischten uns nicht ein, sondern holten die Security. Auch bei Schlägereien im Service hieß die Devise für uns: weggehen, raushalten, nicht einmischen! Viel zu groß ist die Gefahr, dass man zufällig einen Schlag abbekommt, verletzt wird – mit der Folge, dass die Wiesn für die restlichen Tage beendet sein könnte, ähnlich wie nach einem Sturz oder einer schweren Verletzung. Auch für diese Situationen gab es die Security. Wir konnten uns absolut auf die Männer und Frauen dieser Truppe verlassen. Sie waren schnell und immer zur Stelle, wenn's mal wieder brannte.

Plötzlich sagte Patrick ohne mich anzuschauen in nachdenklichem Tonfall: »Du hörst auf heuer, oder? Das ist deine letzte Wiesn?« Wie konnte er es nur erfahren haben? Das gab es doch gar nicht! »Wie kommst du denn darauf?«, fragte ich ihn. »Ich spüre das, ist halt so«, sagte er weiter, »aber du hast recht. Wenn es so weit ist, muss man was ändern.« Ich war einfach nur platt. War der jetzt ein Hellseher geworden? Hoffentlich würde er damit nicht zu den anderen gehen. Dann wäre es aus mit meinem Geheimnis. Er hat es nicht getan. Patrick war unglaublich seriös, nachdenklich und verschwiegen. Auf der einen Seite ein echter Filou und Frauenheld, auf der anderen ein liebevoller Schwerenöter. Was ich nicht wusste: Er würde noch vor mir aufhören. Drei Tage später quittierte er von einem Moment auf den anderen seinen Dienst. Er war fertig mit allem. Da wusste ich, dass er damals vielleicht mehr sich selbst als mich mit seiner Ankündigung gemeint hatte.

Leider hat er meinen Abgang so nicht mehr mitbekommen – und der war grandios und einfach der Wiesn würdig. Am vorletzten Wiesn-Tag habe ich

zwei Personen ins Vertrauen gezogen: Die Bedienung Nummer 1, also unsere oberste Chefin im
Zelt und meinen hoch geschätzten »Dammerl«, der
Saxophon- und Klarinettenspieler war. Die »Ein-
ser-Bedienung« bat ich nur, zu organisieren, dass
ich am nächsten Tag nach der Schlussansprache
der Festwirte allen meinen Abschied mitteilen
konnte, damit es sich nicht nur heimlich herumsprach. Sie sollte nur anmelden, dass der Pfarrer
dieses Mal noch etwas sagen wollte.

Der Dammerl, der ja eigentlich Thomas heißt,
war mir in den letzten sieben Jahren zu einem en-
gen Freund geworden. Er war sehr gläubig, besuchte vor unserem Dienst auf der Wiesn morgens bei
mir immer die Frühmesse und war ein begnadeter
Musiker. Einmal nahm er mich mit auf die Musik-
empore. Das Zelt war brechend voll, in Kürze sollte
die Musik wieder starten und der Dammerl zog
mich heran, nahm sein Saxophon und sagte: »Ich
zeig dir was; wenn du das in deiner Kirche schaffst,
bist du unsterblich!« »Ja, was denn?«, fragte ich
neugierig. »Mir genügen drei Takte und das ganze
Zelt bebt«, meinte er. Ich war gespannt. Der Dirigent kam und gab das Zeichen, der Dammerl stand

auf, spielte drei Takte eines bekannten Wiesn-Hits an und schlagartig standen die Leute auf, klatschten, johlten und jubelten wie eine junge Hundemeute, die ihr Fressen bekam. Von null auf hundert war das Zelt im Feiermodus. Was hat mich das beeindruckt es von hier oben zu beobachten, wo man wie auf einer Kanzel auf alle Menschen herabschauen konnte – auf die hübschen Mädels in ihren Dirndln und die sie anschmachtenden Burschen. Das war die »Wiesn-Pole-Position« hier oben. Leider spiele ich selbst kein Instrument, aber das hier hätte mir auch gefallen. Menschen in Stimmung bringen, gute Laune verbreiten, positive Signale senden, ja, das wär's. Der Dammerl hatte recht und ich muss immer daran denken, wenn ich vor meiner Gemeinde stehe und mich frage: Bewege ich die Menschen jetzt oder langweilen sie sich nur?

Diesem meinem Freund musste ich sagen, dass ich mich von der Wiesn verabschieden würde. Ich wusste, dass er sonntags immer erst gegen 10:30 Uhr kam – da sind wir alle schon im Dienst und auch die Schlussansprache ist bereits gelaufen. Ich wollte nicht, dass er es von anderen erführe, das wäre unserer Freundschaft nicht würdig gewesen. Beide, die »Einser« und der Dammerl, nahmen meine Neuigkeit ruhig und gefasst auf. Sie wollten nicht einmal eine Begründung hören, sondern respektierten meinen Entschluss, und das habe ich sehr stark empfunden.

Dann war er da, mein letzter Wiesn-Tag. Der Service im Garten war gerichtet und alle Bedienungen versammelten sich zum Gruppenbild und zur Schlussrede der Festwirte. Alles lief wie in jedem Jahr. Etwas nervös stand ich am Rand und wartete auf meinen Einsatz. Dann erklärte Michael F. Schottenhamel: »Heute will uns der Pfarrer noch etwas sagen, ich weiß nicht was, aber vielleicht will er uns ja nur noch einmal segnen!« Er lächelte und winkte mich herbei. Ich stieg auf die Bierbank, nahm das Mikro, schnaufte noch mal tief durch und fing an: »Liebe Freunde, meine lieben Schottenhamel-Ministranten! Ich habe so viel Freundschaft, Kollegialität, Zusammenhalt und Gewissenhaftigkeit in den letzten Jahren hier erleben dürfen, das ist unbeschreiblich. Ich wünschte mir, meine Kirche wäre so liebenswert und heimatlich, wie ihr es hier zueinander seid. Ich wollte euch nur sagen: Heute ist nicht nur mein letzter Tag dieser Wiesn wie für euch alle; heute ist mein letzter Tag überhaupt auf der Wiesn. Ich werde meinen Dienst heute Abend beenden und will mich einfach nur bei euch bedanken. Ihr habt mir so viel geschenkt in diesen Jahren. Ich werde immer euer Pfarrer sein. Holt mich, wenn ihr jemanden zum Taufen, Heiraten oder Beerdigen braucht. Ich bin und bleibe euer Wiesn-Pfarrer. Und auch den Festwirten will ich danken für ihren Mut, dass sie es wirklich gewagt haben, einen leibhaftigen Pfarrer als Bedienung einzustellen. Das könnte einmal ihr Joker an der Himmelstüre sein, wenn die da oben bestimmte Einlassbedingungen fordern! Ich wünsche euch alles Gute und sage einfach nur: Vergelt's Gott euch allen!«

Es ging zuerst ein leichtes Raunen durch die mich anstarrende Menge, dann war Totenstille. Ich wusste nicht, was ich jetzt machen sollte. Ein paar Mädels wischten sich eine Träne aus dem Gesicht, aber niemand sagte oder fragte etwas. Mitten in diese Stille hinein erklang, nur von einem Saxophon

gespielt, das Lied »Heast as net, wia die Zeit ver-
geht« von Hubert von Goisern, eines meiner Lieb-
lingslieder. Der, der das wusste, stand oben auf der
Musiktribüne und spielte voller Inbrunst. Es war
natürlich der Dammerl. Das hat er sich nicht nehmen lassen, mich damit zu überraschen. Jetzt
musste auch ich schlucken. Das war schon fast zu
viel an Emotionen. In diesem Moment fingen alle
zu klatschen an und es war genau der richtige Augenblick, denn dieser Applaus galt vor allem ihm,
dem Dammerl, für die unglaubliche Performance.
So konnte ich mich etwas zurücknehmen und wir
lauschten diesem wunderbaren Song.

In einem kurzen Schlusswort bedankten sich auch
die »Einser« und die Festwirte bei mir – unpräten-
tiös und ohne große Worte zu machen. Diese Ein-
lage und das Lied selbst waren Worte genug. Die
Zeit war wie im Flug vergangen und wie so oft im
Leben blieben die schönen Erinnerungen viel stärker haften als Rückschläge und Ärgernisse. Das
Lied war ein einziger Dankeshymnus, für den ich
meinem Dammerl immer dankbar sein werde. Viel

zu früh haben wir ihn leider vor drei Jahren beerdigen müssen. Es war eine sehr bewegende Bestat-
tung, weil ich allen bei der Trauerfeier von diesem
Abschied erzählen konnte.

Der Tag ging zu Ende wie jedes Jahr. Nachmittags
kamen Freunde und Bekannte in meinen Service,
um bei mir die letzten Wiesn-Stunden zu verbringen. Die Festwirte verabschiedeten sich noch einmal persönlich von mir und versicherten mir, dass
die Tür immer offen stehe und ich jederzeit wieder-
kommen könne! Viele Bedienungen kamen noch
einmal mit ihren Scherflein für meine sozialen
Projekte zu mir und ich konnte beseelt und inner-
lich erfüllt meine Bedienungsmarke abgeben und
zufrieden nach Hause gehen. Ich war stolz, auch
diesen Schritt so bewusst getan zu haben.

RÜCKTRITT VOM RÜCKTRITT

Normalerweise kennen wir ihn aus der Politik oder dem Showbiz, bei Schlagersängern und Entertainern oder Filmleuten – den Rücktritt vom Rücktritt. Meistens hat er etwas mit Geld zu tun oder mit der plötzlichen fehlenden Beachtung in der Öffentlichkeit, mit der eine Person nicht zurechtkommt. Viele steigen dann wieder ein, als wären sie nie weg gewesen.

Nichts dergleichen hat mich bewogen, 2015 noch einmal auf der Wiesn anzufangen. Der Anlass war ein ganz anderer. Es waren die vielen Menschen, die vor dem Krieg in Afghanistan, in Syrien und dem Irak und aus den nordafrikanischen Ländern nach Europa und auch zu uns nach Deutschland kamen. Einer, der sich seit vielen Jahren für diese Menschen einsetzte und sogar eine eigene Hilfsorganisation gegründet hatte, die Orienthelfer e. V., ist der Kabarettist Christian Springer, mit dem ich seit vielen Jahren schon befreundet war. Zusammen mit einer Jugendgruppe hatten wir im Libanon mal all die Hilfseinrichtungen, die seine Organisation unterstützt, besucht.

Täglich sah man die Bilder geflüchteter Menschen im Fernsehen. Christian Springer richtete, wo er konnte, eindringliche Appelle an Politiker und Bürger. Unermüdlich und ohne Vorbehalte, die Verantwortlichen zu benennen, klärte er darüber auf, wie es zu dieser Entwicklung gekommen war und deckte die perfiden Netzwerke der Vernichtung auf. Da war auch mein Moment gekommen. Ich musste etwas tun und irgendwie mithelfen – nicht nur mit Geldspenden. Christian Springers Aufklärungsbemühungen brauchten unbedingt die Aufmerksamkeit vieler Menschen. Und die bekommt man am besten, wenn man etwas Verrücktes tut. Nichts aber konnte verrückter sein, als wenn ich noch einmal zum Bedienen auf die Wiesn ging. »Wenn ich meine Entscheidung dann begründen soll, habe ich einen Grund, von dir und deiner Arbeit in der Flüchtlingshilfe zu erzählen«, sagte ich zu Christian Springer, »und das Geld kriegst du natürlich auch!«

Einigermaßen sprachlos nahm er mein Angebot an. Ohne sein Einverständnis hätte ich es nie gemacht. Mein Umfeld reagierte scheu und ungläubig, ließ mich aber gewähren. Also ging ich zu den Schottenhamels, um ihnen meine Idee zu unterbreiten. Ich wusste, dass ich offene Türen einrennen würde – sind sie doch ebenfalls eng mit Christian Springer befreundet. Sie fragten nur: »Wie lange bleiben Sie dieses Mal?« »Bis die 10 voll sind«, antwortete ich wie aus der Pistole geschossen. »Dann bin ich Ende fünfzig und da ist dann wirklich Schluss!« Damit es für mich eine neue Herausforderung würde, bat ich nur darum, dieses Mal im Inneren des Zeltes arbeiten zu können. Natürlich nicht im Mittelschiff bei der Musikbühne, da sind ja unsere jungen Kolleginnen und Kollegen eingesetzt.

Jedes Wiesn-Zelt hat seine eigene Klientel und Stammkundschaft. Ins Augustiner-Zelt geht man wegen des Bieres und der Tradition, das Hacker-Zelt ist der berühmte »Himmel der Bayern«, die Bräurosl ist ein Zelt mit einer Mordsstimmung und sehr gut besucht auch von der homosexuellen und queeren Szene. Im Schottenhamel, das ja mit das älteste Bierzelt auf der Wiesn ist, gibt es den berühmten Anstich durch den Oberbürgermeister am ersten Tag, den Rathausbalkon an der Ostseite mit viel politischer Prominenz und das junge Publikum unten im Schiff. Ich durfte gegenüber dem Rathausbalkon auf der Galerie, dem großen Balkon an der Westseite, wieder neu starten.

Sehr viel anders als bei meinem Dienst im Garten lief es hier auch nicht. Wir hatten eine eigene Schänke oben auf der Galerie, damit wir nicht ständig die vielen Maßkrüge über die Treppen hinauftragen mussten. Das Essen gab es aber natürlich auch für uns nur in der Küche unten und da wurde ein volles Tablett schon schwer mit der Zeit. Bald gab ich diesen Stufen den Namen »Scala Santa«, in Anlehnung an die heilige Treppe in San Clemente in der Nähe der Lateran-Kirche in Rom, die von den Gläubigen als die Treppe verehrt wird, von der aus der Überlieferung nach Jesus seinen Kreuzweg begann. Noch heute erklimmen Rompilger diese Treppe auf Knien betend – als Zeichen ihrer tiefen Verehrung für Jesus Christus. Knieend sind wir natürlich nicht gegangen, eher sehr vorsichtig, denn ein Sturz hätte sofort das Ende der Arbeit auf der Wiesn bedeuten können.

Ein Unterschied zum Garten war allerdings, dass dieser Zeltbereich ein Reservierungsbereich war. Bis zu drei Reservierungsfenster am Tag gab es manchmal – mittags, nachmittags und abends. Das bedeutete für uns Bedienungen natürlich ein sicheres, wetterunabhängiges und gutes Geschäft, aber auch bei jedem Reservierungswechsel sehr viel Arbeit. Die Tische mussten mit frischen Tischdecken neu eingedeckt werden, je nach Reservierung auch mit Brotzeitbrettln, die mit allen Köstlichkeiten der kalten Küche ausgestattet waren. Und wenn die Gäste kamen, füllten sich binnen fünf Minuten die Plätze und alle mussten sofort bedient werden. Das hieß dann schleppen, schleppen, schleppen. Aber es machte ungeheuren Spaß. Ob Firmen, private Gruppen, Touristen – wer zu uns kam, genoss jeden Augenblick hier heroben mit einem wunderbaren Ausblick in das ganze Zelt hinein. Und bei jedem Reservierungswechsel bekamen wir Bedienungen ein paar Minuten Pause. Die nutzten wir, um mit einem Becher Kaffee von der Brüstung aus den Feiernden unten im Zelt zuzuschauen. Von oben sah man auf glückliche Menschen, fesche Dirndl, schneidige Burschen, tanzende Jugendliche und alle sangen sie die Hits ihrer Wiesn mit und vergaßen für einen Moment ihren Alltag. Da war es wieder, genau das Wiesn-Feeling, das mich immer schon so betört hatte.

»Du hast mich betört, o Herr, und ich ließ mich betören« (Jeremia 20,7), ruft im Alten Testament der Prophet Jeremia aus und spricht von seiner Berufung in seinen Dienst der Verkündigung. Er meinte, er sei zu schwach, zu unerfahren und daher auch zu ungeeignet, aber der liebe Gott bestätigte ihm seine Berufung und schickte ihn hinaus zu den Menschen. »Berufung aufs Oktoberfest« bezeichnete es richtigerweise mein Freund Stefan Neumaier von der Süddeutschen Zeitung damals bei meiner ersten Wiesn und es stimmte ganz einfach. Es war und ist eine Berufung, dieses Fest durch seinen Dienst mitzugestalten. Dafür habe ich in diesen Momenten danke gesagt und sage ich heute noch aufrichtig: Vergelt's Gott. Ich weiß, dass meine Liebesgeschichte mit der Wiesn, so wie sie sich entwickelt hat, alles andere als Zufall war. Für mich gibt es keine Zufälle. Das Einzige, was zufällt, ist eine Türe, wenn es zu sehr zieht und der Wind hereinbläst. 2018 war dann wirklich endgültig Schluss und ich habe an einen jungen Mann aus meiner eigenen Pfarrjugend meinen Service übergeben können. Was mir diese zehn Jahre auf dem Oktoberfest bis heute bedeuten, kommt ohne Zweifel einer Liebesgeschichte gleich.

Es war keine Liebe auf den ersten Blick, sie musste wachsen und reifen, Rückschläge und Pausen hinnehmen, aber sie war und ist bis heute da. Diese Liebe hat sich verändert, neue Formen angenommen und ist natürlich auch in die Jahre gekommen. Aber gerade das macht sie aus. Wenn wir ein junges Liebespärchen eng umschlungen auf der Straße sehen, ist das ebenso bewegend wie ein älteres Ehepaar, das sich zärtlich bei den Händen hält. Da kann man keine Gegensätze daraus machen, alles hat seinen Zauber. Bei dem älteren Paar aber möchte man fragen, was sie nicht schon alles erlebt haben und nach wie vielen Konflikten und Enttäuschungen sie doch wieder die Kraft zum Neuanfang fanden.

Mir war es vergönnt, zehn Jahre meines Lebens mit meiner Wiesn ganz eng verbunden zu sein. Ich habe mit meinem Dienst auf dem größten Volksfest der Welt viel bewegen und auch viel Gutes tun können. Die besten Jahre meines Mannesalters hindurch durfte ich mich hier richtig austoben. Unglaublich berührende Momente habe ich erlebt, Menschen getroffen, die mich tief beeindruckt haben und viele, viele neue Freunde gewonnen. Mir bleibt nur, allen »Vergelt's Gott« zu sagen, die diese Zeit mit mir verbracht haben. Es war ein einziges Geschenk.

Ohne einen großen Abschied wie vor drei Jahren bin ich diesmal am letzten Tag der Wiesn rundum zufrieden nach Hause gegangen und habe den Wirten erst später Bescheid gegeben, dass ich im kommenden Jahr nur noch als Gast erscheinen werde.

Die Wiesn ist Wirklichkeit und braucht keine besonderen Ovationen. Sie lebt von ihrem eigenen Charme und wer den einmal kennengelernt hat, wird ihn für immer bewahren. Genauso will ich es auch tun. Vergelt's Gott, liebe Wiesn, für alles, was du mir gegeben hast!

WIESN-BEGEGNUNGEN

ERSTE BEGEGNUNG

Als ich mit einer Kollegin draußen im Biergarten stand, kamen wir ins Gespräch mit unserem neuen Kollegen Rainer Schießler. Neugierig fragte ich ihn, was er denn sonst so macht, wenn er gerade nicht auf der Wiesn bedient.

»Ich bin katholischer Pfarrer.« »Dann bin ich Sophia Loren.« Beide mussten wir lachen.

Jo, geh. Wissen S', auf der Wiesn wird so viel Schmarrn erzählt. Da sagt dir einer: »Eigentlich bin ich Ministerpräsident, aber ich hab mich verkleidet, um mich unters Volk zu mischen und zu erfahren, was man über mich sagt«. Eine andere behauptet, sie wäre Opernsängerin. Natürlich alles Quatsch! Nur um sich wichtig zu machen, wird irgendetwas erzählt. Und jetzt der Typ: ein Pfarrer will er sein… Das wüsst ich! Behaupten kann das ja jeder.

Deshalb habe ich kurz darauf einer anderen Kollegin davon erzählt: »Du, der neue Kollege sagt von sich, er wäre Pfarrer. Ich glaub, ich spinn, oder?" »Noa, das stimmt. Der Rainer ist wirklich Pfarrer, drüb'n in St. Maximilian. Und er spendet ja auch seinen gesamten Verdienst.« Da war ich für einen Moment lang sprachlos.

Später hat mir der Rainer dann selbst – als ich ihn danach fragte – erzählt, dass er für jugendliche Aids-Kranke in Afrika Geld sammelt, und dafür auch seine gesamten Wiesn-Einnahmen spendet. Er hat so eindringlich über die wirklich schlimme Situation der jungen Menschen dort berichtet, dass ich ihn gebeten habe, mir auch eine Spendendose zu geben. Damit bin ich dann direkt losgezogen und habe unter den Bedienungen Geld gesammelt: »Meine Damen, jede von euch steckt jetzt etwas Geld in diese Dose hinein, ich sammle mit dem Rainer für Aids-Kranke in Afrika, gebt's bitte auch etwas dazu. Und ich möchte nichts klimpern hören, sondern nur rascheln.« Innerhalb von einer Viertelstunde kamen so mehr als 1000 Euro zusammen. Der Rainer hat sich so gefreut.

Inge Lorenz

GINO

Es war an einem Samstag, ich war mit Gitte zusammen eingeteilt, wie so oft. Und es war jede
Menge Andrang. Drinnen und draußen – alles voll.
Aber ich war Spezialistin fürs Zusammenschieben.
Ich habe 14 Leute an einen Siebenertisch bekommen. Mitten im Mittagsgeschäft, die letzten freien
Plätze sind längst besetzt, klingelt das Handy meiner Kollegin. Als sie auflegt, sagt sie zu mir: »Draußen stehen zehn Italiener, denen ich einen Tisch
versprochen hatte, die habe ich ganz vergessen.
Und jetzt sind die Türen versperrt, keiner kommt
mehr rein. Außerdem haben wir ja nirgendwo
Platz für sie.« »Wart mal«, sag ich. »Wir fragen den
Armin, der weiß vielleicht eine Lösung.« Der Armin, der war immer locker drauf, sagt: »Ja, sechs
oder sieben, die bring ich noch unter, wenn ich da
hinten am Tisch ein wenig schiebe.« »… und für
die anderen drei oder vier finde ich ein Plätzchen.«
Mit diesen Worten nicke ich der Kollegin zu und
frage: »Woran erkenne ich die Gruppe da draußen
im Gewühl?« »Der eine heißt Gino.«

Der ganze Garten ist voller Leute, eine kaum zu überblickende Menschenmenge. Ich rufe laut: »Gino!« Und Hundert antworten »Ja«. Aber meine Kollegin hatte Gino zum Glück zwischenzeitlich schon angerufen, er hat mir von weitem gewunken, ich fand, der Typ sieht italienisch aus – und so sind wir zusammengekommen.

Als wir uns wenig später mit der ganzen Gruppe bis zum Eingang der Festhalle durchgekämpft haben, sagt der Türsteher: »Keine Chance, mit denen kommst du hier nicht rein …« »Ich glaub, dir brennt der Hut! Die müssen rein, ich hab einen Tisch für die reserviert.« Aber der Mann ist hart geblieben. Zum Glück hat sich dann der Thomas, den ich gut kannte, eingeklinkt. Doch auch er wollte nicht glauben, dass ich die italienische Gruppe irgendwo noch unterbringen kann – »Das zeigen S' mir jetzt erst einmal …«

Am Ende haben wir es tatsächlich geschafft. Und alle waren glücklich.

Inge Lorenz

NINE ELEVEN

Nachdem die schrecklichen Terroranschläge in New York und Washington am 11. September 2001 die ganze Welt erschüttert hatten, war in diesem Jahr einige Zeit unklar, ob das Münchner Oktoberfest wie gewohnt stattfinden kann. Es gab natürlich zum einen jede Menge Sicherheitsbedenken – was wäre, wenn auch auf der Wiesn von islamistischen Terrorkommandos ein Anschlag verübt werden sollte? Ließe sich denn so etwas überhaupt verhindern? Und was würde es bedeuten, wenn Hunderttausende von Besucherinnen und Besuchern sicherheitshalber vor dem Betreten der Theresienwiese mit Blick auf das Mitführen von Waffen oder Sprengstoff kontrolliert werden müssten? Aber es wurde andererseits auch diskutiert, ob man angesichts all der schrecklichen Ereignisse überhaupt feiern dürfte. Es war eine schwere Entscheidung.

Schließlich sagte der Münchner Stadtrat: »Die Wiesn findet auch heuer statt.« Aber ein wenig mulmig war vielen dabei schon. Auch einigen Bedienungen im Schottenhamel-Zelt. Manche kamen deshalb in diesem Jahr überhaupt nicht. Andere sagten sich: »Jetzt erst recht. Wir lassen uns von niemandem dazu zwingen, auf die Wiesn zu verzichten.« Und es würde den Opfern der Anschläge und deren Angehörigen ja auch nicht helfen, wenn wir in Europa deshalb nicht zu Festen zusammenkommen.

Als ich die Münchner Stadträte in der *BILD*-Zeitung sah, wie die Entscheidung auf ihnen lastete, wusste ich: »Ich lasse sie nicht allein, ich bin dabei«.

Die erste Oktoberfest-Woche war dann deutlich ruhiger als sonst. Es waren vor allem die Münchner da. Aber in der zweiten Wiesn-Woche sind dann deutlich mehr Menschen gekommen, auch von außerhalb. Und zum Glück ist auch nichts Schlimmes passiert.

Anna Wimmer

HEILIGER MOMENT

An einem regnerischen Tag stand eine Gruppe älterer Waidler, so nennt man im Dialekt die Menschen, die aus dem bayrischen Wald stammen, auf dem »Balkon«, der Galerie auf der Ostseite des Festzeltes. Die Gruppe aus Zwiesel suchte einen Sitzplatz. Aber es war schon ziemlich voll. Doch irgendwie habe ich sie dann doch noch untergebracht. Die fünf Männer waren natürlich sehr froh – und sie sind in den folgenden Jahren immer wieder gerne gekommen. Und jedes Mal haben sie mir ein kleines Geschenk mitgebracht, oft eine schöne Bleikristall-Arbeit aus Zwiesel.

2008 gab es wieder einmal eine Bombendrohung für das Oktoberfest. Alles wurde durchsucht, Spürhunde schnüffelten durch die Bankreihen in den Zelten. Jede Menge Beamte waren unterwegs, in jeden Mülleimer wurde von ihnen geschaut, quasi jeder Stein einmal umgedreht. Und Polizei sicherte auch mit verstärktem Aufgebot die Eingänge zur Wiesn. Einige meiner Kolleginnen blieben aus Angst vor einem Anschlag zu Hause. Ich war auf der Wiesn, bediente die Gäste und bekam auch – wie jedes Jahr – Besuch von »meinen Waidlern«. Dieses Mal brachten sie etwas besonders schönes für mich mit: ein religiöses Symbol aus Bleikristall, eine kleine Monstranz, die Kreuz und Kelch vereinte.

Pfarrer Rainer Schießler hatte zu dieser Zeit gerade begonnen, auf der Wiesn als Bedienung zu arbeiten. Unser Schankkellner, der Sepp, kam von unten zu uns rauf auf den »Balkon« und sagte: »Wir ham an Pfarrer do.« Da bin ich nach vorne an die Brüstung gegangen und hab ihn gesehen, wie er unten herumgelaufen ist: Braungebrannt, gut gelaunt und voller Elan. Ich hab gleich gedacht: »Das muss er sein.« – und bin dann direkt die Treppe heruntergelaufen, um ihn anzusprechen. Aber ich konnte ihn nun nicht mehr sehen. Deshalb hab ich den Schorschi gebeten: »Wenn er wiederkommt, dann schickst ihn rauf zu mir. Der Pfarrer soll mir was weihen.« Und tatsächlich stand Rainer Schießler dann auch fünf Minuten später vor mir. Wir haben uns ein wenig unterhalten, er war sehr nett. Und dann haben wir uns für den kommenden Tag um neun Uhr verabredet.

Als er am nächsten Morgen Punkt neun auf dem Balkon eintraf, war schon alles vorbereitet: Die eine

Kollegin hatte einen kleinen Blumenstrauß mitgebracht und in einer Vase auf dem Biertisch platziert. Ich hatte die Bleikristall-Monstranz aufgestellt, daneben lagen zwei Rosenkränze. Und drumherum standen einige Kolleginnen und Kollegen, die ganz gespannt darauf warteten, dass es losgeht. Es war ja schon etwas besonderes, einen Pfarrer unter den Bedienungen zu haben – noch dazu einen, der uns etwas weiht. Tatsächlich hat sich das schnell herumgesprochen und es sind noch mehr Mitarbeiterinnen und Mitarbeiter von unten heraufgekommen und haben sich dazugestellt. Rainer Schießler hat gebetet, das Kristallzeichen gesegnet und zu uns gesagt: »Braucht's keine Angst hobn, 's passiert nichts. Gott beschützt uns.« Die Atmosphäre war plötzlich eine andere. Alle sind froh an die Arbeit gegangen. Denn wir wussten: es wird gut.

Das kleine Kristall-Zeichen hatte ich jeden Tag im Rucksack dabei, wenn ich zur Arbeit auf die Wiesn gegangen bin. Und ich habe morgens in der Früh gebetet: »Lieber Gott, beschütze uns.«

Anna Wimmer

GÄSTE AUS KIEW

Am ersten Sonntag auf der Wiesn ist immer der traditionelle Trachtenumzug. Da kommen immer viele Trachtenvereine, aus dem Oberland, aus Niederbayern; aber auch aus ganz Deutschland – und sogar manche ausländischen Gruppen.

An diesem Tag hat es geregnet. Und das Festzelt war voll. Plötzlich stand ein Mann neben mir, total durchnässt war er. Er bräuchte 40 Sitzplätze für seine Gruppe. Sie kämen aus Kiew, der Münchner Partnerstadt – und sie seien hungrig, durstig – und nass.

Ich musste erst im Büro der Stadt fragen, weil es ja kaum noch freie Plätze bei uns oben auf dem Balkon gab, und die Stadt diesen Bereich für bestimmte Gäste reserviert hatte. Aber ich bekam direkt ein »Ja« und die ukrainische Gruppe zog freudig nach oben und besetzte vier komplette Tische. Die Frauen und Männer trugen alle eine wunderschöne Tracht: Weiß und rot, mit prächtigen Ornamenten und Blumenmotiven bestickte Blusen und Hemden. Bunte Röcke, schwarze Hosen; die Frauen trugen »Blumenkronen« auf dem Kopf. Einfach herrlich anzusehen.

Hunger und Durst hatten alle. Aber es gab ein Problem mit den Biermarken, den Verzehr-Gutscheinen, die die Gäste dabei hatten. Es fehlte der Abschnitt für die Bedienung – und damit war klar: keiner, der den ukrainischen Gästen etwas serviert, wird daran verdienen – weil wir keine Umsatzbeteiligung bekommen, wenn wir keine Abschnitte für uns einsammeln können. Das gab natürlich in meinem Team der »Stadtratbox« zunächst eine kleine Diskussion. Aber natürlich haben wir die Gäste dann bewirtet, Verdienst hin oder her.

Nach einer ersten Runde Bier hatten alle Männer aus der Gruppe noch Durst, doch keine weiteren Gutscheine für eine weitere Maß. Da habe ich für sie bei meinen Stammgästen gesammelt, bin von Tisch zu Tisch. Auch die Bedienungen haben am Ende noch Geld zusammengelegt. Und dann haben alle Ukrainer, die wollten, ein zweites Bier bekommen. Die Freude war riesig.

Die Menschen waren so begeistert über unsere Gastfreundschaft, dass sie für uns als Dankeschön gesungen haben. Mehrere haben ihre Mandolinen ausgepackt, dann wurde das erste Lied angestimmt.

Und die konnten singen! Die Stammgäste und auch wir als Bedienungen hatten Tränen der Rührung in den Augen. Wir waren auf einmal eine große Gemeinschaft. Völkerverständigung, wie sie schöner nicht sein könnte.

Anna Wimmer

HERBERGE

Aus meiner Familie sind meine Tochter und mein Sohn mehre Jahre mit als Bedienung auf die Wiesn gefahren – und später auch Freunde meines Sohnes. Irgendwann waren wir zu sechst, zu siebt. Gut 70 Kilometer sind wir jeden Morgen in aller Frühe aus der Holledau mit dem Auto angereist und abends spät wieder heimgefahren. Das war natürlich extrem aufwendig und anstrengend. Den ganzen Tag den Lärm und den Trubel im Festzelt, dann abends spät die weite Fahrt. Und zu Hause noch alles für den nächsten Tag richten.

Eines Tages kam mir die Idee, Rainer Schießler zu fragen, ob es nicht die Möglichkeit gäbe, dass wir im Pfarrheim der Heilig-Geist-Gemeinde einen Raum bekommen, wo wir übernachten können. Und er hat tatsächlich sofort zugestimmt: »Kein Problem, gerne.« Dann hat er aber doch kurz gezögert und gesagt: »Aber in der Wohnung ist nichts drin, es gibt keinerlei Möbel, keine Matratzen, nichts.« Doch das hat uns nicht abgeschreckt. Wir haben uns für die Zeit der Wiesn in der Wohnung im Pfarrhof eingerichtet und alles mitgebracht, was wir zum Leben und zum Schlafen gebraucht haben: Matratzen, Bettwäsche, Kleider, einen Wäscheständer, eine Kaffeemaschine und einen Wasserkocher. Und natürlich auch Essen und Trinken. In der Woche vor dem Oktoberfest sind wir mit einem Kleintransporter voller Sachen gekommen, die Burschen haben alles hinauf in die Wohnung getragen. Sechzehn Tage waren wir meistens da, manchmal auch einen Tag länger.

Wenn wir abends nach elf Uhr von der Theresienwiese zum Pfarrhaus von Heilig Geist am Viktualienmarkt aufgebrochen sind, waren wir froh, dass wir so wunderbar nah ein Quartier hatten und bald ins Bett kamen. Von der U-Bahn-Station Marienplatz mussten wir nur noch ein kleines Stück laufen – aber es war natürlich überhaupt kein Vergleich zu vorher, als wir jeden Tag noch mehr als eine Stunde über Land gefahren sind, um nach Hause zu kommen.

Anna Wimmer

DIE WIESN, EIN LEBENSGEFÜHL

Über die Jahre habe ich auf der Wiesn jede Menge Menschen kennengelernt, weil ich dort als Bedienung gearbeitet habe. Viele hatten feste Gewohnheiten, man konnte die Uhr danach stellen: Am Nachmittag um 15 Uhr waren sie da, fragten nach ihrem Stammplatz im Zelt. Andere kamen Abend für Abend. Und wieder andere nur am Wochenende. Mit einigen habe ich mich oft unterhalten. Menschen, die froh waren, jemanden zu haben, der ihnen zuhört. Fröhliche Menschen, die zum Teil von sehr weit her kamen und Spaß daran hatten, mehr über unser Land und unsere Kultur zu erfahren. Gäste aus den USA, Australien, England, Frankreich, Norwegen und vielen anderen Ländern der Erde…

Aber ich musste natürlich vor allem die Gäste bedienen – und ich hatte eigentlich keine Zeit für lange Gespräche. Doch wenn jemand zehn Tage hintereinander da war, und das Jahr für Jahr, hat man doch so manches mitbekommen. Mit einigen Gästen habe ich auch Adressen getauscht und wir haben ein gemeinsames Erinnerungsfoto gemacht. Und mit manchen habe ich dann durchaus über die Jahre Kontakt gehalten.

Viele habe ich schon in jungen Jahren kennengelernt, wenn sie mit ihren Eltern auf die Wiesn kamen. Oder Burschen, gerade mal 18 Jahre alt, die mit ihrer Clique kamen, ordentlich gefeiert haben und Spaß hatten. Wenn dann ein Madl vorbeigekommen ist und die ihr nachgeschaut haben, habe ich durchaus mal gesagt: »Naa, die is nix für euch!«

Im Jahr drauf hatte dann der eine oder andere eine feste Freundin dabei. Und die wurde mir dann vorgestellt. Einige haben mir nach der zweiten Maß auch von ihrem Liebeskummer erzählt. Die habe ich dann getröstet: »Du, da kommt irgendwann auch eine andere ... Du bist doch noch so jung.« Die Wiesn ist ein Schmelztiegel – und ein Lebensgefühl.

Brigitte Kögerl

Rainer M. Schießler, Jahrgang 1960, ist ein katholischer Pfarrer. Schießler gilt durch unkonventionelle Seelsorge und medienwirksame Aktionen als einer der bekanntesten Kirchenmänner in Deutschland. Der Bestsellerautor ist Pfarrer in der Münchner Kirchengemeinde St. Maximilian.

Vier Fäuste für ein Halleluja

Der eine ist der wohl bekannteste Pfarrer Deutschlands, der andere steckt als Kirchenpfleger hinter vielen verrückten Ideen der katholischen Kirchengemeinde St. Maximilian in München: Rainer M. Schießler und Stephan Maria Alof sind seit mehr als 25 Jahren ein unschlagbar kreatives Duo. Die beiden setzen alles daran, den Glauben zeitgemäß ins Gespräch zu bringen. Zugleich entwickeln sie eine Perspektive für die Kirche von morgen, die auf die Bedürfnisse der Menschen zugeschnitten ist. Eine Einladung zur inneren Positionsbestimmung in Glaubensfragen.

Rainer M. Schießler,
Stephan Maria Alof

Seid ihr noch zu retten?!

Hardcover mit Schutzumschlag
256 Seiten
ISBN 978-3-96340-222-7
€ [D] 20,– · € [A] 20,60

SPIEGEL
Bestseller

Der Verlag weist ausdrücklich darauf hin, dass im Text enthaltene externe Links vom Verlag nur bis zum Zeitpunkt der Buchveröffentlichung eingesehen werden konnten. Auf spätere Veränderungen hat der Verlag keinerlei Einfluss. Eine Haftung des Verlags ist daher ausgeschlossen.

Besuchen Sie uns im Internet:
www.bene-verlag.de

Aus Verantwortung für die Umwelt hat sich die Verlagsgruppe Droemer Knaur zu einer nachhaltigen Buchproduktion verpflichtet. Der bewusste Umgang mit unseren Ressourcen, der Schutz unseres Klimas und der Natur gehören zu unseren obersten Unternehmenszielen. Gemeinsam mit unseren Partnern und Lieferanten setzen wir uns für eine klimaneutrale Buchproduktion ein, die den Erwerb von Klimazertifikaten zur Kompensation des CO_2-Ausstoßes einschließt. Weitere Informationen finden Sie unter: www.klimaneutralerverlag.de

MIX
Papier aus verantwortungsvollen Quellen
FSC
www.fsc.org
FSC® C014496

Originalausgabe September 2022
© 2022 bene! Verlag
Ein Imprint der Verlagsgruppe
Droemer Knaur GmbH & Co. KG, München.
Alle Rechte vorbehalten. Das Werk darf – auch teilweise – nur mit Genehmigung des Verlags wiedergegeben werden.
Redaktion: Stefan Wiesner
Lektorat: BirnsteinsBüro; Stefan Wiesner
Cover- und Autorenfoto: Susanne Krauss
Coverabbildungen: Shutterstock: JulsIst / lcrms / Oldesign,
Stock.Adobe.com: sp4764 · Umschlag Rückseite: picture-alliance:
SZ Photo | Stephan Rumpf u. imageBROKER | Siepmann;
Shutterstock: FooTToo · Abbildungen Innenteil: Shutterstock: S. 3, 8, 12, 22, 60, 82, 96, 134, 155 JulsIst / S. 3 lcrms / S. 155 Oldesign / S. 155 stockphoto-graf; Stock.Adobe.com: S. 155 sp4764
Druck und Bindung: GGP Media GmbH, Pößneck
ISBN 978-3-96340-254-8

5   4   3   2

Vier Fäuste für ein Halleluja

Der eine ist der wohl bekannteste Pfarrer Deutschlands,
der andere steckt als Kirchenpfleger hinter vielen
verrückten Ideen der katholischen Kirchengemeinde
St. Maximilian in München: Rainer M. Schießler und
Stephan Maria Alof sind seit mehr als 25 Jahren ein
unschlagbar kreatives Duo. Die beiden setzen alles daran,
den Glauben zeitgemäß ins Gespräch zu bringen.
Zugleich entwickeln sie eine Perspektive für die Kirche
von morgen, die auf die Bedürfnisse der Menschen
zugeschnitten ist. Eine Einladung zur inneren Positionsbestimmung in Glaubensfragen.

Rainer M. Schießler,
Stephan Maria Alof

Seid ihr noch zu retten?!

Hardcover mit Schutzumschlag
256 Seiten
ISBN 978-3-96340-222-7
€ [D] 20,– · € [A] 20,60

SPIEGEL
Bestseller

Besuchen Sie uns im Internet:
www.bene-verlag.de

Aus Verantwortung für die Umwelt hat sich die Verlagsgruppe Droemer Knaur zu einer nachhaltigen Buchproduktion verpflichtet. Der bewusste Umgang mit unseren Ressourcen, der Schutz unseres Klimas und der Natur gehören zu unseren obersten Unternehmenszielen. Gemeinsam mit unseren Partnern und Lieferanten setzen wir uns für eine klimaneutrale Buchproduktion ein, die den Erwerb von Klimazertifikaten zur Kompensation des CO_2-Ausstoßes einschließt. Weitere Informationen finden Sie unter: www.klimaneutralerverlag.de

FSC
www.fsc.org

MIX
Papier aus verantwortungsvollen Quellen
FSC® C014496

Originalausgabe September 2022
© 2022 bene! Verlag
Ein Imprint der Verlagsgruppe
Droemer Knaur GmbH & Co. KG, München.
Alle Rechte vorbehalten. Das Werk darf – auch teilweise – nur mit Genehmigung des Verlags wiedergegeben werden.
Redaktion: Stefan Wiesner
Lektorat: BirnsteinsBüro; Stefan Wiesner
Cover- und Autorenfoto: Susanne Krauss
Coverabbildungen: Shutterstock: JulsIst / lcrms / Oldesign,
Stock.Adobe.com: sp4764 · Umschlag Rückseite: picture-alliance:
SZ Photo | Stephan Rumpf u. imageBROKER | Siepmann;
Shutterstock: FooTToo · Abbildungen Innenteil: Shutterstock: S. 3, 8, 12,
22, 60, 82, 96, 134, 155 JulsIst / S. 3 lcrms / S. 155 Oldesign / S. 155
stockphoto-graf; Stock.Adobe.com: S. 155 sp4764
Druck und Bindung: GGP Media GmbH, Pößneck
ISBN 978-3-96340-254-8

5   4   3   2